BIBLIOGRAPHIE

DE

LA PERSE

IMPRIMERIE EUGÈNE HEUTTE ET Cᶦᵉ, A SAINT GERMAIN.

فهرست کتب فارسی

BIBLIOGRAPHIE

DE

LA PERSE

PAR

M^{se} SCHWAB

DE LA BIBLIOTHÈQUE NATIONALE.

وَإِذْ أَخَذَ ٱللَّهُ مِيثَاقَ ٱلنَّبِيِّنَ لَمَآ ءَاتَيْتُكُم مِّن كِتَابٍ وَحِكْمَةٍ

Coran, Sura III, v. 75.

PARIS

ERNEST LEROUX, ÉDITEUR

LIBRAIRE DE LA SOCIÉTÉ ASIATIQUE DE PARIS, DE L'ÉCOLE DES LANGUES ORIENTALES
VIVANTES, ET DES SOCIÉTÉS DE CALCUTTA, DE NEW-HAVEN
(ÉTATS-UNIS), DE SHANGHAI (CHINE

28, RUE BONAPARTE, 28

1875

PRÉFACE

Qui scit ubi sit scientia, habenti est proximus.

Depuis que l'Académie des inscriptions et belles-lettres a bien voulu accorder la moitié du prix Brunet à notre Bibliographie orientale (ms.), un devoir nous incombe : celui de répondre au vœu du fondateur de ce legs en publiant ce que l'on nomme une spécialité. Détachons de notre collection de titres une petite partie (moins du quart) ; cela nous permettra d'être plus complet que ne le serait une œuvre générale, embrassant trop de sujets. Nous ne croyons pas que la question à laquelle nous consacrons ces quelques pages ait déjà été traitée. Au lieu d'un certain nombre de numéros disséminés çà et là, nous offrons, — soit dit sans prétention, — un ensemble plus varié ; et, de plus, nous devons insister sur le plan tel que feu Brunet (ce nous semble) l'entendait dans son *Manuel*.

Un recueil de Bibliographie n'est pas un livre de lecture ; il doit être un outil, un instrument de travail, un guide, et s'adresser à toutes les langues d'Europe ou d'Asie.

Ceci posé, il s'agit de le confectionner de façon à ce qu'il soit utile, qu'il rende le plus de services possible. Quelle sera donc la meilleure méthode à employer ? Adoptera-t-on le système alphabétique ou l'ordre chronologique, ou les divisions par ordre des matières ? Et dans ce dernier cas, quel sera l'ordre de succession des numéros, une fois les chapitres classés ?

Ces questions ont embarrassé la plupart des bibliographes. Pour les auteurs orientaux, la classification par ordre alphabétique est très-compliquée, ainsi que l'a remarqué Zenker dans sa *Bibliotheca orientalis*. Il est difficile de décider sous quel nom un auteur persan est le plus connu ; c'est qu'en Orient, on ne cite presque jamais un livre sous le nom de l'auteur, mais, presque toujours, d'après le nom du livre. D'autre part, l'ordre alphabétique des noms de livres tel qu'il a été suivi par exemple par Hadji-Khalfa, serait aussi imparfait, puisque les savants d'Europe adoptent pour titre le nom de l'auteur et non celui de l'ouvrage. L'ordre chronologique, en ce cas, a son mérite. Mais il offre, à notre avis, de graves inconvénients. En supposant même que le lecteur ait toujours les dates présentes à la mémoire, comment fera-t-il, lorsque le livre à consulter n'a pas de date? Et à laquelle des deux dates devra-t-il se référer, s'il y en a une pour la composition ou rédaction, et une autre pour l'impression? Précisons par un exemple : L'Hégire date de l'an 622 ; mais la vie de Mahomet a été écrite plus tard, et l'impression de cette biographie est bien postérieure encore. A laquelle de ces trois dates la cherchera-t-on?

La *Bibliothèque asiatique et africaine* de Ternaux-Compans, qui s'arrête à l'an 1700, adopte l'ordre chronologique, au lieu du classement par matière. Elle a ainsi le double tort d'imposer des recherches multiples à qui s'occupe d'une spécialité, et de plus, de séparer brutalement les éditions d'un même livre, exagérant inutilement le nombre des numéros. L'ordre méthodique nous paraît bien préférable ; il est logique. L'érudit le plus compétent dans un sujet est heureux de trouver réunis dans une même division les divers titres qui l'intéressent et qui peuvent lui fournir des matériaux. Mais, en ce cas, la difficulté réside dans le classement qu'il est rare de trouver parfait, ou seulement suffisant. Trop d'ouvrages feraient partie de cinq ou six classes à la fois. Le lecteur ne sait alors où chercher et il perd son temps. Tout bien pesé, l'embarras était grand. Nous avons consulté les praticiens les plus expérimentés, et ils nous ont engagé à suivre l'ordre alphabétique, accompagné d'une courte table méthodique et pourvue de nombreux renvois, selon le système Brunet. De même les manuscrits sont rangés au nom des propriétaires ou villes.

Le cadre général a été plus facile à tracer. Nul ouvrage exclusivement consacré à des faits antérieurs au IVe siècle n'a été admis, et nous nous sommes arrêtés à l'an 1870 inclusivement, comme limite. Par contre, nous n'avons pas seulement cité les volumes ou brochures, mais aussi les notices insérées dans les recueils scientifiques ; autant d'attention est due à un article de Revue qu'à un gros in-folio, car on sait que leur valeur à tous deux est parfois identique.

Les seules divisions qui ont été adoptées sont les suivantes : 1o Histoire et géographie; 2o Belles-lettres (ou linguistique et poésie); 3o Cartes; 4o Manuscrits. — Dans la partie des belles-lettres, on pourrait relever ce que l'on désigne si bien en arabe par le terme *Adab*, c'est-à-dire : fables, proverbes, contes, anecdotes, et autres de ce genre, enfin tout ce qu'on désignait jadis du nom de philologie.

La langue persane est parlée depuis l'Indus jusqu'à l'Euphrate et depuis le fleuve Iaxarte jusqu'à l'Océan indien. La souche principale de cette branche linguistique comprend : 1° le zend, 2° le parsi, 3° le kurde, 4° l'ossète, 5° le pouschtou ou afghan, 6° le beloutschan, 7° le persan proprement dit.

Le persan moderne, auquel nous nous attachons ici spécialement en raison de notre cadre historique, provient du parsi et a été formé sous la longue domination des khalifes ou des peuples turcomans. La principale période de sa formation s'étend du ixe au xvie siècle; mais son apogée est au xie et au xiie siècle (1). Dans le Schah-Nameh de Firdousi, qui est du commencement du xie siècle, il a conservé sa forme la plus pure, tandis qu'à présent la grammaire seule est restée exclusivement persane, mais près de la moitié des termes usuels sont arabes. Sa parenté avec l'allemand originaire ou germain d'une part, et avec le sanscrit d'autre part, est notoire; son influence sur la langue de l'Hindoustan et sur d'autres idiomes indiens modernes ne saurait être méconnue. Les Persans ou Tadjiks l'emploient en Perse, dans le Kerman, l'Azerbijan, le Sistan, le Khorasan, l'Irak, le Mazenderan, le Kusistan et le Kandahar. De même dans l'Inde, surtout dans les provinces d'Agra et d'Aurengabad, c'est le langage usité par les Musulmans. Il sert aussi aux Boukhares comme langue littéraire et judiciaire.

Quant au caractère, on sait que c'est l'alphabet arabe, augmenté de quelques combinaisons des signes diacritiques; et l'écriture se divise en deux sortes : 1° *Neski-Kihany*, 2° *Taalik*, selon qu'elle est plus ou moins régulière ou cursive. — Voici l'énumération des dialectes qui font partie du groupe persan :

1° Le *Deri*, employé jadis à la cour d'Ispahan; c'est le langage de cérémonie et des lettrés.

2° Le *Valaat*, langue vulgaire, avec plusieurs subdivisions ou patois peu étudiés, savoir :

a. Le *Tatt* aux environs de Baka et de Leukoran (2), ainsi que dans le Daghestan;

---

(1) Voir Vater, Literatur der Grammatiken, Lexica, etc., aller Sprachen der Erde, 2e ed., p. 277-82.

(2) Voir Eichwald, Reise auf dem Kaspischen Meere und in dem Kaukasus (Stuttgart, 1854, in-8°), p. 3o3, 484 et suiv.

b. Le *Boukharien*, de la grande et de la petite Boukharie;

c. Le *Dehwar*, dans le district de Kelat du Belouchistan ou dans quelques localités de la Perse et du Kaboul;

d. Le *Maʒenderan* et l'Aderbijan ou Taberistan dans les provinces qui portent ce même nom (1);

e. Enfin il y a plusieurs variétés dans l'Inde.

Les dialectes depuis longtemps hors d'usage, cités par les écrivains persans, sont : le soghdy en Sogdiane et à Samarkand, le hezwy à Hérat, le merusy à Meru, le zawely à Kandahar, le sagzy à Séjestan, le khoazy dans le Kusistan, l'adery dans l'Aderbijan (2).

Enfin, pour constituer la partie bibliographique du sujet, il suffirait de réunir les diverses sources qui ont été citées, chemin faisant.

Être aussi complet que possible, tel est l'idéal qu'il faut poursuivre. Mais, si nous ne l'avons pas atteint, nous dirons avec Abu'lféda : العلم بالبعض خير من الجهل بالكل « Mieux vaut un savoir partiel qu'une ignorance totale, » surtout si l'on veut bien se rappeler que nous n'avons aucun devancier pour notre sujet, qui a été traité seulement d'une manière passagère dans les Bibliographies relatives à l'Orient en général.

Tenons compte des écrits du grand nombre de voyageurs français qui ont parcouru la Perse et des indigènes qui l'ont étudiée. Plus nous les examinerons, et plus nous éprouverons le désir d'en voir publier le relevé bibliographique. Ce sera notre rôle de remplir ce désir par l'énumération de titres littéraires, où l'on trouvera un nombre respectable d'œuvres des fils de l'Iran. Ce sera notre hommage envers eux; car, ainsi que l'a dit Johnson :

The chief glory of every people arises from its authors.

(1) Voir J. Klaproth, Beschreibung der russischen Provinzen zwischen dem Schwar. u. Kasp. Meere (Berlin, 1814, 8°), p. 67.

(2) Comparer F. G. Wahl, Geschichte der morgenlændischen Sprachen und Literatur (Leipzig, 1784, 8°), p. 115-354.

$$\text{فهرست کتب فارسی}$$

IMPRIMÉS

I. HISTOIRE ET GÉOGRAPHIE.

1. ABBOTT (K.-E.). Extracts from a memorandum on the country of Azerbaijan. — Proceedings of the R. Geog. Society, t. VIII, n° 6, p. 275-79.

2. — Notices descriptives et statistiques, surtout sur Tebriz. — Voir Petermann, 1865, p. 311.

3. ABD AL QADIR bin i Maluk Shah al Badaoni. منتخب التواریخ. Edited by W. N. Lees. Calcutta, 1865, 8°.

Dans Bibliotheca Indica, en 5 fascic., n°s 53 et suiv.

4. ABDUL-RIZAC (aumônier du Shah-Roukh). Ambassades réciproques d'un roi des Indes, de la Perse, etc., et d'un empereur de Chine; traduit du Persan avec la vie de ces souverains (Shah-Roukh-Mirza et Day-Ming ou Yong-lo ou Tsing-Tsou), et des Notes, par L. Langlés. — Londres et Paris, 1788, in-8°.

La relation de ces ambassades est tirée de l'histoire des descendants de Tamerlan pour les ans 1408, 1412, 1417 et 1419. — Le volume renferme des lettres des deux souverains.

Zenker, t. I, p. 126, n° 1020; II, p. 60.

5. ABDUL-RIZAC Nedschef Kuli. کتاب مآثر سلطانیة (la dynastie des Kadjars). Tauriz, 1241 (1825), 4°.

Voir Silv. de Sacy, au *Journal des Savants*, 1835, p. 67 (et non 1818, comme Zenker l'a par erreur à ce mot).

6. ABDUR RASHID of Tattah, Mulla. فرهنگ رشیدی edited and annotated by Moulawi Zulfaqar Ali. Parts I to 7. Calcutta, 1870 et suiv. in-4°. (Bibliotheca Indica.)

7. ABOUL-FADL. تصنیف ابو الفضل اکبری ائین. Ain i Akbari by Abul-Fadl i Mubârick i' Allâmi. Edited by H. Blochmann. Parts I to 14. Calcutta, 1867-72, in-4°. (Bibliotheca Indica.)

8. — The Same, translated by H. Blochmann. Parts I to 6. Calcutta, 1868-72, in-8°. (Bibliotheca Indica.)

9. — اکبرنامه. The history of the first 47 years of the great em-

peror Akbar, by his eminent Minister Abul-Fazl. Lucknow, A. H. 1283 (1866), 3 vol. fol.

10. Abschriff aus dem Original so der Türch mit sampt dem Künig von Cathey und Persien, allen christlichen Stenden des Romischen Reichs geschriben haben.

S. l. n. d. (Daté : 13 Janvier 1526) in-4°.

« Je possède deux éditions différentes de ce traité, » dit Ternaux dans sa Bibliothèque asiatique, à ce mot.

11. Abu Omar Minhaj al-din Othman, Ibn-Siraj al-din al-Jazwani. طبقات ناصری edited by W. N. Lees and Khadir Hosaïn and Abd-al-Hai. Calcutta, 1864, 8°. (Bibliotheca indica, n° 54.)

12. Abu-Taleb Khan (Mirza). Travels in Asia, Africa and Europa, published and edited by his son. Calcutta, 1812 ; 2 vol. gr. in-8°.

Avant la publication de cette édition, qui contient le texte persan, dit Brunet, Ch. Stewart avait donné une traduction anglaise de la même relation, London, 1810, 2 vol. 8°, réimprimée à Calcutta la même année et à Londres en 1814. C'est sur la version anglaise qu'ont été faites deux traductions françaises : l'une par J. C. J. Paris, 1811, 2 vol. 8°; l'autre par Ch. Malo, ibid. 1819, 8°.

13. — Preuves de la liberté des femmes en Orient (Perse), ou leur sort comparé à celui des Anglaises. Traduit littéralement du persan en anglais. London, 1810, 8°.

Traduit en français dans les Annales des voyages, 1re série, t. IX (1811, 1er vol.), p. 27-44. — C'est un exposé de la situation des femmes au point de vue de la loi, ainsi que des mœurs et des coutumes.

14. — Urtheil des persischen Reisenden Mirza Abu Taleb khan über Deutsche, aus seiner Reisebeschreibung (p. 600) übersetzt von Edel. Dans : Fundgruben des Orients (Vienne, 1813, t. IV, p. 459-60).

15. Actualités. L'Ambassadeur de Perse à Paris. Paris, s. d. (1857). 8°, pièce.

16. Advis de la grande défaite de l'armée turquesque par le grand Sophy, roi de Perse, en laquelle est demeuré prisonnier le grand Bascia, général de l'armée, avec la prise de plusieurs villes. — Paris, 1588 et 1598, in-8°.

Ternaux, n°s 608 et 740.

17. Ahmed Shah Durani's Feldzüge in Hindostan. — Asiatisches Magazin, I (Weimar, publ. par J. Klaproth, 1802), p. 347.

18. Alcock (Th.). Travels in Russia, Persia, Turkey and Greece in 1828-29. London, 1831, 8°, avec une planche et une carte.

19. Alexandre. Relation de la Mission des Pères de la Compagnie

de Jésus establie dans le royaume de Perse, par le R. P. Alexandre de Rhodes, dressée et mise au jour par un Père de la même Compagnie. — Paris, 1659, 8°.

20. — Voyages en la Chine et autres royaumes d'Orient avec retour par la Perse et l'Arménie. Paris, 1666 et 1688, in-4°.

Al Kazwini. Voir Kazwini.

21. Anacleri (Giuseppe). La Persia descritta, relazione di un viaggio. Napoli, 1868, in-12.

(Muldener, Bibliotheca geographico-statistica, 1869, I, p. 59.)

Andrade. Voir Commentarios.

22. Anecdotes orientales. Berlin (Paris), 1752, 2 vol. in-12, et 1773, 3 vol. 8°.

Attribué successivement par Barbier à Edme Mentelle et à Mailhol. Suivant Fleischer, la première partie est de Mentelle et la deuxième de Mailhol.

On y trouve l'histoire des rois de Perse et des différentes dynasties perses, turques et mongoles, qui se sont élevées tour à tour en Asie jusqu'aux Kalifes et aux Sophis.

Ardaï-Wiraf. Voir Pope.

23. Armstrong (B.). Travels in Russia and Turkey intended as an itinerary through the south of Russia, the Crimea, Georgia, and through Persia, Koordistan and Asia Minor to Constantinople. London, 1838, in-8°. Map and pl.

24. Asia. The first part being an accurate description of Persia, the vast empire of the great Mogol and other parts of India. London. 1673, in-fol. (Boucher de la Richarderie.)

25. Asie ou Considérations religieuses, philosophiques et littéraires sur l'Asie, ouvrage composé et dédié à M. le baron Silv. de Sacy, par Mc V..... de Ch..... Paris, 1832, 4 vol. 8°.

Voy. art. de Silv. de Sacy, dans le Journal des Savants, 1843, p. 577.

Astarabadi. Voir Mahdi.

Atkinson, trad. de Firdousi. Voir ce nom.

26. Aucher-Eloy. Relations de voyage en Orient de 1830 à 1838 ; revues et annotées par le comte Jaubert, accompagnées d'une carte géographique où sont tous les itinéraires suivis par Aucher-Eloy. Paris, 1843, in-8°, en deux parties et carte.

27. Augur (Juan). Tratado de la conquista de las islas de Persia y Arabia, de la muchas tierras, diversas gentes y extranas, y grandes batallas que vio. Salamanca, 1512, 4°.

28. Ausführliche Relazion was der turkische wisir-passa und ge-

neral Obrister Ossmann mit seinem untergebenen Kriegsvolk auf dem zug von Erzrum nach Tauris wieder die Persianer fürgenommen. München, 1586. (Ternaux, n° 578.)

29. BACKER (Louis de). La Perse et la question d'Orient. Saint-Omer, 1867, 8° (13 p.).

Tirage à part d'un article (anonyme) paru dans l'*Indépendant* de Saint-Omer.

BADAONI. Voir Abdal-Qadir.

BANG. Voir Dons.

30. BARBARO (Josaphat ou Josafa), ambasciat. della republica di Venetia. Viaggio alla Tana e in Persia.

En 1473, ce patricien exercé dans les négociations fut envoyé en ambassade en Perse pour la liguer contre Mahomet II, et y resta jusqu'en 1478. Il écrivit les relations de ses deux voyages qui ont été conservées. La première édition a paru dans un recueil très-rare publié en 1543 à Venise par les Alde, sous le titre de : Viaggi fatti di Venetia, alla Tana, in Persia, in India e in Constantinopoli, con la descrittione particolare da citta, luoghi, sitti, costumi et della porta del gran Turco et de tutte le intrate, spese et modo di governo suo et della ultima impresa contra Portoghesi. Vinegia, figliuoli di Aldo, 1543, in-8°.

Ce recueil fut réimprimé chez les mêmes éditeurs en 1545. Comp. Annales des voyages, t. IV, 1808, p. 19-31.

31. BARBIER DE MEYNARD (M. C.). Lettre datée de Téhéran. (Journal asiatique, 5e série, t. VII, ou 1855, 1re partie, p. 267.)

Il s'agit de sa collection de livres et de manuscrits persans.

31 *bis*. — Description historique de la ville de Kazvin, trad. du persan. (Extr. du Journal asiatique, octobre-novembre 1857.)

32. — Extraits de la Chronique persane d'Hérat. Traduits et annotés. Paris, 1861, in-8°.

Extrait n° 11 de l'année 1861 du Journal asiatique.

33. — Dictionnaire géographique, historique et littéraire de la Perse et des contrées adjacentes, extrait du Mod'jem el-Bouldan de Yaqout, et complété à l'aide de documents arabes et persans. Paris, Imp. imp., 1861, 8°.

Voir aussi à ce nom au Chap. II.

BARNI. Voir Zia al-Din.

34. BEAUCHAMP. Voyage en Perse. — Inséré dans le Journal des Savants, 1790, 4°.

Ce voyage, dit Boucher de la Richarderie, donne beaucoup de lumières sur l'état de la Perse depuis la destruction de l'empire des Soufis.

35. BEAUFORT (de). Itinéraire dans le Taurus oriental.

M. de Beaufort, officier d'état-major attaché à l'ambassade française de M. de Sercey, a rapporté en 1839, entre autres documents utiles à la géographie, un itinéraire de Tarsous à l'Euphrate, passant par Mirasch. Cet itinéraire n'a pas été publié jusqu'à présent, sauf le tracé que le colonel Lapie auquel il a été communiqué, en a donné dans sa carte dressée pour l'ouvrage botanique du comte Jaubert. (Ci-après.)

36. BEDIK (Petri), *Cehil sutum,* seu explicatio utriusque theatri 40 columnarum in Perside Orientis, cum adjecta fusiori narratione de religione moribusque Persarum et eorumdem vivendi modo, populis vicinis, aliisque de hac orientali natione famosissimâ situ dignis. Vienne, 1678, 4°.

Volume rare, dit Brunet.

37. BELAMI. Chronique de Abou Djafar Mohammed ben Djarir Yezid Tabari, traduite sur la version persane d'Abou Ali Mohammed Belami, par Hermann Zotenberg. — Paris, t. I et II, 1867-70, in-8° (et suiv.). — (Publié par le Oriental translation fund.)

Ce travail, commencé par feu Dubeux, a une importance spéciale pour l'historiographie musulmane, puisque sa chronique est la plus ancienne qu'il y ait et a été la source de toutes les autres.

(Journal asiatique, Juillet 1868, p. 58.)

BELFOUR. Voir Hazin.

BENAHITI. Voir Hammer.

38. BELLINO. Auszug eines Schreibens an H. von Hammer. (Lettre datée de Bagdad, 16 mai 1816, traitant de Tokat, Aspas, Diarbekr, Mardin et des ruines de Ninive.) — Dans Fundgruben des Orients, t. V, p. 45-48.

BERCHET. Voir au ch. II.

39. BERGK (J.-A.). Reisen in Persien, nach Chardin, Forster, Franklin, Gmelin und andern Reisebeschreibungen. — Leipzig, 1805, gr. 8°, 6 grav. (Il forme aussi le t. III des « Reisen in den 4 Welttheilen. »)

40. BERGMANN (Benjamin). Schiksale des Persers Wassilii Michailow, unter den Kalmuken, Kirgisen und Chinensern. — Riga, 1804, in-12. (Récit d'aventures et scènes de mœurs.)

41. BERNARD (Mme Laure). Histoire de Perse. Mœurs, usages et coutumes de ce pays. — Rouen, 1852, 8°, avec gravures.

Dans la Bibliothèque morale de la Jeunesse.

42. — Excursions lointaines, mœurs et coutumes de la Perse. — Rouen, 1863, 8°. — Mêmes gravures.

43. BEROALDUS (Phil.). A short wiew of the Persian Monarchy, published at the end of Daniel's works. — London, 1590, 4°.

44. Binning (R. B. M.). A journal of two years travel in Persia, Ceylon, etc. — London, 1857, 2 vol. in-8°.

Voir Schmit, Bibliotheca historico-geograph., I, p. 58.

45. Biographical Sketch of his late R. H. Abbas-Mirza. — Dans Journal of the R. Asiatic society, t. I, 1834, p. 322.

46. Biographies of persian and hindoostanee poets. — Bombay, 1266 (1850).

(Zenker, II, p. 61, n° 784, d'après Sprenger.)

47. Bizar. Rerum Persicarum historia, auctore Petro Bizaro; accessit Henrici Porsii de Bello inter Murathem III Turcarum et Mehemetem Hodabende Persarum regem gesto narratio... in eâ Jos. Barbari et Ambrosii Contarini itineraria persica, Jo.-Thomae Minadoi belli turcico-persici historia... — Francofurti, 1601, in-fol.

Voir à Silvestre de Sacy.

48. Bland. اتشكده اذر The fire Temple, by Hadj Lutf Ali-Beg, of Ispahan, now first edited by N. Bland. London, 1844, in-8°.

C'est le premier cahier de l'histoire des poëtes persans, et M. Bland a débuté par Lutf, qui est du xviie siècle. Comp. Journal of the Asiatic society, 1843, t. VII, p. 345.

Il y a aussi une édit. lithographiée à Calcutta, 1249 (1833), très-rare, et une autre à Bombay, 1277 (1860).

Voir catal. Trubner, 1869, p. 52.

49. — On the earliest persian biography of poets by Muhammed Aufi and on some other works of the class called : Tazkirat ul-Sahara. — Dans Asiatic Journal of London, t. IX (1848), p. 111 à 176.

50. Blaramberg. Statistische Uebersicht von Persien. St-Petersbourg, 1841, formant le t. VII des Mémoires de la Société de Géographie russe.

Pour l'analyse, voir Petermann, Mittheilungen, 1857, p. 214.

51. Blau (Dr O.). Commercielle Zustaende Persiens. Aus der Erfahrung einer Reise im Sommer 1857 dargestellt. — Berlin, 1858, gr. 8°.

(V. Schmit, Bibliotheca histor. geographica, t. II, p. 148.)

52. Bode (Bon de). Travels in Susistan and Arabistan, being a Tour through South western Persia, in the years 1840 and 1841. London, 1844, 2 vol. 8°.

53. Bode. Aperçu géographique et statistique de la province d'Asterabad en 1841. — Dans Petersburger Geograph. Gesellschaft, t. I, 1849, p. 375.

54. — Les Yamouds et les Goklans. — Ibid., p. 400.

55. — Extracts from a Journal kept while travelling in Jan. 1842, through the country of Mamaseni and Khogilu. — Dans Journal of the Geograph. Society, t. XIII, 1843, p. 75.

56. Bœlsche (K.). Der english persische Krieg. — Dans la Minerva de Bran. Février 1857.

57. — Der Krieg zwischen Grossbritanien und Persien. — Dans Ausland, 1857, n° 7.

58. Bonnes nouvelles, lesquelles sont venues d'Orient bien brefues entre Sofiu et Sofias nomé et le grant Turc et Soubdan. Comment le grant Turc a gagné la ville de Damast, Hierusalem, Alkayr, avec plusieurs aultres villes gissantes bien près, et comment le grant Turc a ouï messe environ le sépulcre de Notre-Seigneur et Rédempteur Jésus-Christ. Paris, 1517, 4°.

59. Bonvalot. Révolutions de la Perse ancienne et moderne. Paris, 1833, in-18.

(Fait partie de la Bibliothèque populaire.)

60. Boré (E.). Lettre sur quelques antiquités de la Perse. — Journal asiatique, avril 1842, p. 327 à 335.

Datée de Djoulfa en Perse, 1er juin 1841, et adressée à M. F. Layard, lors de sa présidence à l'Académie des Inscriptions et Belles-lettres.

61. — Correspondances et Mémoires d'un voyageur en Orient. Paris, 1840, 2 vol. 8° avec carte.

Il s'agit surtout de la Perse et de l'Arménie.

62. Borrichius (A.). De persico imperio, etc. Hafn, 1688, 4°.

Voir Bibliotheca dissertationum, p. 256.

63. Bourges. Relation du voyage de l'évêque de Beryt (Lamotte), vicaire apostolique du royaume de la Cochinchine par la Turquie, la Perse, les Indes, jusqu'au royaume de Siam et autres lieux, par Al. de Bourges, prêtre missionnaire. Paris, 1866, in-8° avec une carte.

64. — Baptesme de Sophie (sic) roi de Perse, etc. Petit in-8°. (S. l. n. d.)

65. Boyssardus. Leben und contrafecten der Turckischen und Persischen Sultanen. Francfurt, 1596, in-4°.

Ternaux, n° 2920.

66. Brant. Notes of a journey through a part of Kurdistan, in the summer of 1838. — Dans Journal of the geogr. Society, t. X, 1841, p. 341.

67. Breve trattato di Persia d'Antonio Mossi. Ferrara, 1606, in-8°.

Ternaux, n° 944.

68. BREVIS narratio eorum quae gesta sunt in Persiâ, a R. P. Antonio Tani dominicano. — Romae, 1670, in-4°, et Florentiae, 1672, 8°.

Ternaux, nᵒˢ 3109 et 3114.

69. BRISSONIUS (B.). De regno Persarum principatu. Parisiis, H. Comonelinus, 1595, in-8°.

Ternaux, n° 700.

70. BRITISH interests in Persia. — Dans Asiatic Journal (of London), 1839, p. 64.

71. BRITISH trade with the northern provinces of Persia. — Dans Portfolio, a collection of State papers, t. V, 1837, p. 357.

72. BRUCHSTÜCKE eines Tagebuches eines deutschen der zu Anfang des XVII Jahrhunderts mit diplomatⁿ. Aufträgen sich in Persien aufhielt. — Dans Hormayr, Archiv für Geographie u. Historie, an. 1819, n° 141.

73. BRUGSCH (H.). Reise der k. Preussischen Gesandtschaft nach Persien, 1860-61. — Leipzig, 2 vol. 8°, avec gravures et cartes de Kiepert.

74. BRUYN. Reyzen over Moscovien door Persien en Oost-Indien. — Delft, 1711, in-fol. fig. et cartes. Amsterdam, 1711, avec les mêmes planches. — Delft, 1714, in-fol.

Traduction française, Amsterdam, 1718, 2 vol. in-fol., et ci-après à Lebrun.

75. BRYDGES. The Dynasty of the Kajars, translated from the original persian manuscript. presented by his Majesty Faty-Aly schah, to sir Harford, and edited by Jones Brydges, Bart. K. C. L. L. D., to which he prefixed a succint account of the history of Persia previous to that period. — London, 1833, un vol. 8°.

76. — Livre des exploits du Sultan. Tauriz, 1241 de l'Hégire (1825-1826 de J.-C.), un vol. petit in-4°.

Voir 3 art. de Silvestre de Sacy, p. 65, 285 et 344 du Journal des Savants, 1835. Comp. ci-dessus, n° 5.

77. — An account of the transactions of his Majesty's mission to the court of Persia in the Years, 1807-1811, by sir Harford John Brydges, Bart. K. C. L. L. D., late envoy extraordinary and minister plenipotentiary to the court of Teheran; to which is appended a brief history of the Wahhabis. — London, 1834, 2 tomes, 8°, avec une carte de l'Arabie centrale et de l'Égypte, et des portraits.

Voir ibid. deux art. de Silvestre de Sacy, 1836, p. 621 et 659.

78. BUCKINGHAM (J. S.). Travels in Assyria, Media and Persia,

including a journey from Bagdad across mount Zagras by the pass of Alexander to Hamadan. — London, 1828, in-4°, fig.

Réimprimé en 1831, 2 vol. 8°.
Ce voyage, exécuté en 1816, comprend des fouilles exécutées à Hispahan et aux ruines de Persépolis, puis une excursion de là aux bords de la mer par Chiraz et Schapour. Il décrit aussi Bassorah, Bushire, Bahrein, Ormuz, et Mascate ; il rapporte une expédition contre les pirates du golfe Persique avec un commentaire du voyage de Néarque et la traversée du golfe Arabique à Bombay. — Il y a des vignettes, une carte et 1 portrait.
C'est le 4ᵉ vol. des voyages de l'auteur.

79. Buhse. Bergreise von Gilan nach Asterabad. — Dans le recueil de Baehr et Helmersen, Beiträge zur Kenntniss des russischen Reichs, t. XIII, 1849, p. 215.

Traduction française dans Annales des Voyages, 1851, t. IV, p. 257.

80. Buhse (F. A.). Notice sur trois plantes médicinales et sur le grand désert salé de la Perse. — Dans Erman's Archiv für Wissenchaftliche Kunde von Russland, t. XI, 1852, p. 1-12. — Extrait du Bulletin de la Société d'Histoire Naturelle de Moscou, 1850, n° 4.

81. Bunister (Th.) and Duket (Geffr.). Voyage into Persia, an. 1569. — Dans Hakluyt's principal navigations (London, 1600, in-fol.), t. I.

82. Burrough (Christoph.). Voyage into Persia. — Ibid.

83. Campana (C.). Compendio historico delle guerre fra Turchi e Persiani. — Venezia, Salicato, 1597, 4°.

Ternaux, n° 721.

84. Cartwright. The preachers travels... with the return by the way of Persia, Susania, Assiria, etc. — London, 1611, 4°.

85. Cazalès (de). Guerres de Perse et de Turquie. — Dans la Revue des Deux-Mondes, 4ᵉ série, t. XV, 1838, p. 385. Comp. Annales des voyages, 1829, t. XVII, p. 192.

Champion. Trad. de Firdousi. — Voir ce nom.

86. Champollion-Figeac. Histoire des peuples anciens et modernes. — Asie Orientale, la Perse. — Lagny, 1857, gr. in-8°, avec 40 grav.

87. Chardin. Journal du chevalier Chardin en Perse, Indes Orientales par la mer Noire. — Londres, 1686, in-fol; Amsterdam, 2 vol. in-12. — Lyon, 2 vol. in-12.

Traduction allemande, Leipzig, 1687, 4°.
Traduction hollandaise, Amsterdam, 1685, et Scandervande, 1687, in-4°.
Abrégé anglais, London, 1771, 2 vol. 8°.
Toutes ces éditions, dit Boucher de la Richarderie, ne comprennent que le voyage de Paris à Ispahan. C'est dans les éditions suivantes que l'on trouve la description de la Perse. — Amsterdam, 1711, 10 vol. in-12 ou 3 vol. in-4°, à 2 col.

— Paris et Rouen, 1723, en 10 vol. in-12.

— Édition posthume, Amsterdam, 1735, 4 vol. in-4°.

Une nouvelle édition, publiée par Lenormant en 1813, est enrichie de savantes notes par Langlès (Annales des Voyages, t. XIII, p. 411).

88. — Le Couronnement de Soliman III, roi de Perse, et ce qui s'est passé de plus mémorable dans les deux premières années de son règne. — Paris, 1691, in-12.

Cette relation, dit Boucher de la Richarderie, n'a point été insérée dans les éditions des voyages de Chardin en 1711 et 1723. Elle ne se trouve que dans la dernière édition de ses Voyages, donnée après sa mort en 1735. — Très-rare.

89. CHEREF-OUDDINE. Cheref Nameh, ou fastes de la nation Kurde, traduits du persan et commentés par Bernard Charmoy, t. I, 2 parties. Saint-Pétersbourg, 1870, 8°.

90. CHESNEAU. Voyage de Paris à Constantinople, celui de Perse, avec le camp du grand Seigneur, etc. — Publié dans le recueil intitulé : « pièces fugitives pour servir à l'Histoire de France » (Paris, 1759, 4°), t. I, p. 1-136, selon le man. de la Biblioth. nat. (V. le mot Luetz.)

91. CHESNEY. Observations on Persia as an Ally. — Dans Portfolio, a collection of state papers (London), 1836, p. 467.

93. CHODZKO (Alex.). Le Théâtre en Perse. — Dans la Revue indépendante de 1844. Tiré à part, même année, Paris, 8°.

Seuls de tous les musulmans, les Persans ont une espèce de théâtre, ou plutôt des mystères (taziès) en souvenir du meurtre des enfants d'Ali.

94. — Hérat, sa fondation. — Revue de l'Orient, avril, 1856, p. 281-292.

95. — Excursion de Téhéran aux pyles Caspiennes. — Dans Annales des Voyages, 1850, t. III, p. 280.

96. — Le Ghilan ou les marais Caspiens. — Ibid. 1849, t. IV, p. 257; 1850, t. I, p. 193 et 285; t. II, p. 61, 200; t. III, p. 69.

97. — De l'élève des vers à soie en Perse. Paris, 1843, 8°.

98. — Le Khoraçan et son héros populaire. Paris, 1852, 8°.

99. CHRISTLICHE Missionen in Persien, Mesopotamien und Babylonien. — Baseler Magazin, XXXII, 12, 1847.

100. CHURSCHID. Siahadnaméi Hodud (Description d'un voyage aux frontières de la Turquie et de la Perse). Constantinople (tiré à 150 exempl.) s. d.

Voir dans Petermann, Mittheilungen, 1862, p. 146, l'analyse par M. C. Mordtmann.

101. CITTADINI. Sincera relatio R. P. Pauli Cittadini, ordinis predi-

catorum, in omnibus regnis Persarum ac utriusque Armeniæ vicarii generalis Maceratæ Martellius, 1621, 4°.

Il existe une traduction italienne de cet ouvrage imprimée la même année. Ternaux, n° 2998.

102. Clade (de) Turcarum a Sophi acceptâ. (S. l. n. d.), in-4°, (1536.) Ternaux, n° 2821.

103. Clodii (J. Ch.) Chronicon peregrinantis seu historia ultimi belli Persarum cum Aghuanis gesti; ex codice turcico, in officinâ typographicâ constantinopolitanâ impresso, versa ac notis illustrata, cum tabulâ imperatorum familiæ othmanicæ ex cod. ms. turcico in fine adjecto. — Lipsiæ, 1731, in-4°.

Selon Brunet, à l'article « Histoire de l'irruption des Aghwans, etc. », cette histoire a été écrite en turc par Ibrahim Motefarica, d'après un ouvrage latin du P. Judas Krusinski; elle a ensuite elle-même été traduite en latin par Clodius.

104. Colombari (E.), colonel. Les Zemboureks, artillerie de campagne à dromadaire, employée dans l'armée persane, suivi de quelques observations sur l'armée persane. Paris, in-8°.

Extrait du Spectateur militaire, (Suivant *Denis. Bibliographie*, p. 391, qui n'indique ni la date ni la tomaison.)

105. Colwill. Bushire Land-journey along the shores of the persian gulf, from Bushire to Singah. — Dans Proceedings of the Roy. Geog. Society, t. XI, 1867, p. 36-8.

106. Commentarios de grando capitao Ruy-Peyre de Andrade, em que se relatan suas prœsas do anno de 1619 em que partio desto regno por general do mar de Ormuz e costa da Persia e Arabia ate a sua morte. — Lisboa, 1647, 4°.

Ternaux, n° 1697.

106 *a*. Commentarium de origine et eversione imperii regum Sophianorum in Perside. Auctore anonymo religioso christiano. Codex turcicus Constantinopoli impressus anno Hegiræ MCXLII (1729). Initio codicis habetur præfatio in commendationem artis typographicæ : cui subjungitur supplex libellus Ibrahimi pro hujus commentarii impressione et imperatoris Achmetis rescriptum. Hoc secundum (?) typographæ turcicae specimen (s. l. n. d.) 4°.

Ce titre est écrit à la main, en tête de l'exemplaire rare qui est à la Bibliothèque nationale de Paris.

107. Concise account of some natural curiosities of Malham, in Persia. — London, 1799, 2 vol. in-8°.

(Boucher de la Richarderie).

108. Conolly (Arthur). On a mission into Khorassan. — Dans Asiatic society of Bengal, t. X, 1841, p. 116.

109. Constantin (le grand). Voyage into Greece, Egypt, Persia and Asia, anno 339.

Dans Hakluyt's principal navigations (fol. 1600), t. II.

110. Contarini. Questo el viazo de missier Ambrosio Contarini ambassador de la illustrissima signoria de Venezia al signor Vxuncassam, re de Persia. — Venetia, 1487, in-4°.

Outre cette édition fort rare, Brunet, à ce nom, en signale d'autres.

On le trouve réimprimé, soit à la suite du récit de Bizar, soit après Barbaro, soit enfin dans la collection de Ramusio, t. I.

111. — Itinerario... mandado nel anno 1472. Vineggia, 1524, 4°.

Ce n'est qu'un titre modifié de l'ouvrage précédent.

112. Cook (John). Voyages or travels trough the Russian empire, Tartary, and part of the Kingdome of Persia. — Edimburgh, 1770, 2 vol. 8°.

113. Copia ains Brieffes auss Andrinopoli der Imhalt der Bindtnüss so der Sophi mit dem grossen Tartaro, wiedern Turcken gemacht hat (M. DXXXIX). S. l. n. d. In-4°.

L'année 1539 est donnée comme présumable par Ternaux.

114. Copie d'une lettre en forme de deffy faicte par le grand Soffi de Perse au grand Turc, envoyée par un gentilhomme français de Constantinople au sieur de Guidoty, gentilhomme vénitien, avec l'ordre de la grande et puissante armée que le Soffi a mis sus. — Paris, A. de Maux, 1608, in-8°. (Ternaux, n° 983).

Coste, voy. Flandin.

115. Crampon, consul de France à Tauris. Etude des ressources et des besoins du marché persan. — Dans Annales du commerce extérieur, n° 1831, janv. 1870 (43 p.).

116. Creed (Thomas). Parsismus the renowned prince of Bohemia, his most famous delectable and pleasant history, containing his noble battailes fought against the Persians, his love to Laurana, the king's daughter of Thessaly and his strange aventures in the desolated Island. London, 1598, 4°.

Cotolendi. Voir Teixeira.

117. Dapper. Beschryving van Persien en Georgien. Amsterdam, in-fol. fig. 1672, et Nürnberg, in-fol., 1681.

Voir Ternaux, n°ˢ 2202 et 2400.

118. Darcy. Memoranda to accompany part of sketch of Mazanderan, 1836. — Dans Journal of the Geog. Society, t. VIII, 1838, p. 105.

119. Daussy. Mémoire descriptif de la route de Téhéran à Meched et de Meched à Jezd, reconnue par le cap. Truilhier (1807), ouvrage suivi d'un mémoire sur les observations faites par M. Daussy. — Paris, in-8, avec 5 cartes.

Brunet, table, n° 20625. Denis, à cet article, écrit à tort Luilhier pour Truilhier.

Davies, voir Olearius.

120. Davoud-Zadour. Notice sur l'état actuel de la Perse, en persan, en arménien et en français, par Mgr Davoud Zadour de Mélce Schahnazar et MM. Langlès et Chahand de Cirbied. — Paris, imp. royale, chez Nepveu, libraire, 1818, in-18.

Il y avait un exemplaire sur papier rose dans la bibliothèque Durier.

Prélimin. 4. ff. contenant le faux-titre, le titre ci-dessus, la figure de Mgr Davoud-Zadour; autre titre portant : État actuel de la Perse, avec la date de 1817; détails sur la situation actuelle de la Perse, p. 1 à 19; le texte va de la p. 21 à 360, avec la figure de Khatedour-d'Hohannès. L'exemplaire unique (sur vélin) avec les deux figures en noir et coloriées, a été exposé en vente en 1820. (Notice des livres rares et précieux dont la vente se fera le samedi 26 fév. 1820. — Paris, Silvestre, p. 19, n° 148 bis). — Citée par van Praet, t. IV.

121. De Champ. Documents relatifs à la mission du général Gardanne en Perse. — Annalen der Erdkunde, t. X, 1834, p. 473.

122. Découverte de l'empire de Candahar (province de la Perse). Paris, 1730, in-12.

(Boucher de la Richarderie).

122 a. Défaite (la) de 440,000 turcs le mois de juin dernier, faite par le grand Sophi de Perse et Cajech son frère, depuis nagueres chrestiens. Jouxte la copie imprimée à Venise par Pierre Fabet. Paris, 1616, 8° (pièce).

123. Defrémery. Histoire des sultans Ghourides, extraite de l'histoire universelle de Mirkhond. — Journal asiat., t. II, 1843, p. 167; t. III, p. 25.

124. — Mémoire historique sur la dynastie des Mozafferiens, traduite de l'arabe. — Ibid. 1844, p. 93, et t. V, p. 437.

125.— Mémoire sur un personnage appelé Ahmed, fils d'Abdallah. — Ibid, t. VI, 1845, p. 345.

126. — Recherches sur trois princes de Nichabour. — Ibid. t. VIII, 1846, p. 446.

127. — Histoire des Seldjoukides, extraite du Tarikhi-Guzideh. — Ibid. t. XI, 1848, p. 417; t. XII, p. 529-334; t. XIII n 55.

128. — Voyages d'Ibn-Batoutah dans la Perse et dans l'Asie centrale, extraits de l'original arabe, traduits et accompagnés de notes. — Paris, 1848, 8; et dans les Annales des Voyages, 1848, prem. partie, ou t. 117, p. 5-42. Ibid. 2ᵉ partie, t. 118, p. 5 à 52, et 3ᵉ partie, t. 119, p. 5 à 82.

Seetzen et Burckhardt ont signalé les premiers l'importance de ce voyageur, qui, de Tanger, se rendit en Egypte et en Syrie pour passer à la Mecque, accomplir le pèlerinage sacré. L'auteur s'est servi des mss nᵒˢ 908, 910 et 911 du supplément arabe de la Biblioth. nationale de Paris.

Comp. Journal Asiatique, Juillet 1849, p. 25.

129. — Essai sur l'histoire des Ismaéliens ou Batimiens de la Perse, plus connus sous le nom d'Assassins. — Journal asiatique, 1856, t. VIII, p. 353-387.

Comp. les mots Mirkhond et Quatremère. Voir aussi le mot Defrémery au chap. II.

130. DELCROS. Coupes hypsométriques du plateau de l'Iran ou arméno-caucasien d'après les observations barométriques de M. Texier. — Dans le Bulletin de la Société de Géogr., t. XX, 1843, p. 246.

Della Valle, voir Valle.

131. DENIS. Question de Perse, affaire de Kerbela. — Revue de l'Orient, I, 1843, p. 129.

DEPPING. Voir à Polak.

132. DESATIR, or sacred writings of the ancient persian prophets in the original tongues, together with the ancient persian version and commentary of the fifth Sasan; carefully published by Mulhe Firaz bin kaus, who has subjoined a copious glossary of the obsolete and technical persian terms to which is added an english translation of the Desatir and commentary. Bombay, 1820, 2 vol, gr. 8º.

Voir Journal des Savants, 1821, p. 16, premier article de M. Silvestre de Sacy sur l'époque de la traduction persane et son antiquité prétendue; 2º art., p. 67, sur l'époque où a été composé le Desâtir.

133. Description de l'Arménie, de la Perse et de la Mésopotamie, publiée sous la direction des ministres de l'Intérieur et de l'Instruction publique. — Paris, 1842, in-4º.

134. DESLANDES-DOULIERS (A.). Les beautés de la Perse, ou ce qu'il y a de plus curieux dans ce royaume : enrichie de la carte du pays et de quelques estampes dessinées sur les lieux par le sieur A. D. D. V. (Vendomois). Paris, 1673, in-4º.

La 1ʳᵉ édition ne porte que les initiales de l'auteur. La 2ᵉ contient en outre : « La Relation des aventures de Louis Marot, pilote général de côtes de France. »

V. Diction. des anonymes par MM. Barbier et Billard, t. I, p. 392 c.

135. Diez (H. Fr. von). Buch des Kabus oder Lehren des persischen Koenigs Kjekjawus für seinen sohn Gilan Schah. Ein werk für alle Zeitalter aus dem turkisch-persisch-arabischen übersetzt, und durch Abhandlungen und Anmerkungen erlautert. — Berlin, 1811, 8°·

136. Discours de la bataille nouvellement perdue par le Turc contre le roi de Perse. — Paris, 8°, 1586.

Ternaux, n° 575.

137. Discours véritable sur la défaite des Turcs faite par le grand Sophi de Perse à présent chrestien. S. l. In-8°, 1611.

Ternaux, n° 1059.

138. Dittel (W.). Aperçu sommaire de trois ans de voyage en Asie, dans le Caucase, la Perse, le Kurdistan, la Mésopotamie, etc· — Texte allemand dans Archiv für wissenschaftliche Kunde von Russland, t. VII, 1848. Version française dans Annales des voyages, 1849, 3° partie, ou t. 123, p. 141-168.

138 a. Djarphadgani (Abou'l-Scharraf). Histoire du sultan Mahmoud le Gaznevide, traduite de l'arabe en persan. Teheran, 1272 (1856), 4°.

139. Dons. Πυρολατρεία Persarum, cujus originem demonstrat dissertatio historica-critica quam disquirentium examini submittit James Dons defendente Jo. Ottone Bang... in auditorio. — Havniæ, 1732, 4°.

140. Dorn. Noch ein paar Worte über eine Münze des jetzigen schahs von Persien. — Bulletin de l'Académie de Saint-Pétersbourg, VI, 1849, n° 19 et suiv.

141. — Muhammedische Quellen zur Geschichte der südlichen Küstenlaender des kaspichen Meeres, herausgegeben, übersetzt u. erläutert von B. Dorn. — Saint-Pétersbourg, 1856-58, gr. 8°.

T. I : Schireddin's Geschichte von Tabaristan Rujan u. Masenderan, persischer Text.

T. II : Aly ben-Schems-eddin's chanisches Geschichtswerk oder Geschichte von Gilan in den Jahren 880 (= 1475) bis 920 (= 1514); persischer Text.

T. III : Abdu'l-Fattah Fumeny's Geschichte von Gilan, in den Jahren 923 (= 1517) bis 1308(= 1628) : persischer Text.

T. IV : Auszüge aus Muhammedanischen Schriftstellern, nebst einer kurze Geschichte der Chane, von Scheki.

142. — Voyage scientifique dans le Mazenderan, le Ghilan, les provinces musulmanes du Caucase et le Daghestan. — Résumé analytique par M. N. de Khanikoff, au Journal Asiatique, février 1862, p. 214-25.

Dourry Effendi. Voir Durry.

143. Dresseri (Mathiæ) Narratio de statu ecclesiæ et religionis in Persico regno. — Wittemberg, 1598, 8°.

Ternaux, n° 756.

144. Drouville (Gaspard). Voyage en Perse fait en 1812 et 1813, contenant des détails peu connus sur les mœurs, usages, coutumes et cérémonies religieuses des Persans, ainsi que sur leur état militaire, tant ancien qu'actuel, et généralement sur tout ce qui concerne les forces régulières de cet empire. Avec atlas de 20 gravures et de 42 lithographies, par A. Orlowski, 2ᵉ édition. Paris, 1825, 2 vol. in-8° et in-12. La première édit. grand fol., tirée à 150 exempl., parut à Saint-Pétersbourg en 1819. — Dans la deuxième, les figures sont coloriées. L'éd. in-12 n'a pas de figures.

Voir l'article à ce sujet par Sylvestre de Sacy, au Journal des Savants, 1825, p. 334, et Annales des voyages, 1825, IIᵉ partie, t. XXVI, p. 134, et t. XXVII, p. 141.

145. Dubeux (L.). Perse, Paris, 1841, 1 vol. 8°, 2 cartes et 86 pl
Fait partie de la collection de l'Univers pittoresque, Asie, t. II.

146. Ducerceau. Histoire des révolutions de Perse, depuis le commencement de ce siècle. — Paris, 1742, 2 vol. in-12.

Trad. anglaise. London, 1758. 2 vol. avec carte.

146 a. Du chemin. Aux personnes zélées pour le salut des âmes Très humble prière de Placide Louis Du Chemin, evesque de Néocésarée, coadjuteur de Babylone et Ispahan. Pour l'assistance spirituelle de la Perse. (Paris, 13 août 1662). 4°. (s. l. n. d.), pièce.

147. Duhousset (E.). Etudes sur les populations de la Perse et pays limitrophes pendant trois années de séjour en Asie. Avec planches. — Paris, 1863, 8°.

Les 14 planches décrivent les crânes de ces habitants.

Extrait de la Revue orientale et américaine, t. II. Ce travail, exécuté par ordre du Ministre de l'Instruction publique, a été présenté à l'Institut (Académie des Inscriptions et Belles-Lettres), le 16 mars 1863.

148. Dumoret. Relation de la conduite de Tamerlan à Ispahan, extraite de l'histoire de Tamerlan, par Nazni-Zadé Effendi et trad. du turc. — Dans le Journal Asiatique, I, 1828, p. 391.

149. — Histoire des Seldjoukides, extraite de l'ouvrage intitulé Khelasset-oul-Akhbar de Khondemir. — Ibid., 1834, t. XIII, p. 240.

150. Dupré (A.). Voyage en Perse fait dans les années 1807, 1808, 1809, en traversant la Natolie et la Mésopotamie, depuis Constantinople jusqu'à l'extrémité du golfe Persique et de là à Irewan, suivi de détails sur les mœurs, les usages et le commerce des Persans, sur la cour de Téhéran ; d'une notice sur les tribus de la Perse, d'une autre des poids, mesures et monnaies de ce royaume ; et enfin de plusieurs itinéraires. Accompagné d'une carte dressée par M. Lapie. — Paris, 1819, in-8°, 2 vol.

Voir Annales des Voyages, 1re série, t. XV, p. 404.

151. Durry. Relation de Durry Effendy, ambassadeur de la Porte ottomane auprès du roi de Perse, en 1720. — Paris, 1810, in-8°. Idem en turc, lithographié. — Paris, 1820, in-4°.

152. Eastwick (Edward B.). Journal of a diplomate's three years residence in Persia. — London, 1864, 2 vol. 8°.

(Muldener, Bibliotheca Geographico-statistica, 1864, I, p. 56.)

Edel. Voir Abu-Taleb.

153. Edward (Arthur), Johnson (Rich.) and Kitchin (Alex.) Voyage into Persia, an. 1568.

Dans Hakluyt's principal navigations (fol. 1600), t. I.

154. Ehrenstein (A.). Persien. 3 vol. in-16, Leipzig, 1829, formant les livraisons 22 à 24 des « Miniaturgemaelde, aus der Laender und Volkerkunde etc. »

(Engelmann, Bibliotheca, I, p. 51.)

155. Élisée (du ve siècle). Histoire de la guerre des Arméniens, soutenue contre les Perses, sous la conduite de Vartan (arménien). Saint-Lazare de Venise, 1828, in-24 ; 1842 et 1862, in-12.

Trad. ital. Venezia, 1840, 8° par Gius. Capeletti. Trad. anglaise, par C. F. Neumann. London, 1830, 4°. Trad. française par Gr. Kabaragy. Paris, 1844, in-8°.

V. Historiens des croisades, documents arméniens, par M. Dulaurier, t. I, p. 767.

156. Elliot (Charles), of the Bengal civil service. The life of Hafiz ol-Moolk, Hafiz Rehmut khan, written by his son the Nuwab Mostujab khan Buhador and entitled Goolistan-i-Rehmut, abriged and translated from the persian. — London, 1831, 8°. (Printed for the Oriental translation fund.)

Analysé dans Asiatic journal of London, 1831, 3e partie, ou 2e série, t. VI, p. 151-2.

157. Elphinstone (M.). Geschichte der englischen Gesandtschaft an

den Hof von Kabul im J. 1808. — Forme le t. IX de Bibliothek der Reisen.

158. Ephemerides Persarum per tot annum juxta epochas celebres Orientis una cum notibus VII planetarum. E libello arabico persico et turcico manuscripto, latine vertit et illustravit M. F. Beckius. Augustæ Vindobonensis, 1696, in-fol.

(Catologue Lud. Saint-Goar, Francfort-s-M. n° XXXII, p. 127.)

158ᵃ. Erdman. Erlaüterung und Ergaenzung einiger Stellen der von Mirchawend verfassten Geschichte des stammes Buweih. — Dans Gelehrte Memoiren, herausgegeben von der K. Universitæt in Kasan, 1836, t. III, p. 51. (et tirage à part 8°).

159. Ereignisse und revolutionen in Persien, in den letzten 50 Jahren. — Minerva, Hambourg, 1805, t. IV, p. 232, 409 ; 1806, t. I, p. 53.

159ᵃ. Esperiente (Philip. Calim). Oratio de bello Turcis inferendo et historia de his quæ a Venetis tentata sunt Persis ac Tartaris contra Turcos movendi. — Haguenau, 1533, 4°.

160. Esprinchard (Jacques), Sʳ du Plom. Un brief discours de la dernière guerre de Perse. — Paris, 1609, 8°.

C'est l'appendice de son Histoire des Ottomans.

161. État administratif de la Perse. — Revue de l'Orient, t. IV, 1844, p. 113.

162. Extrait d'un itinéraire en Perse par la voie de Bagdad. — Paris, 1813, 8°.

C'est sans doute l'œuvre (anon.) de Rousseau. Voir ce nom.

162 a. Extrait du recueil de la Société polytechnique pratique. Notice sur la mission officielle que va remplir en Perse M. le Dʳ Barrachin (signé : V. D. M.). Paris (s. d.). 8°, pièce.

163. Fakr al-din, Asad al-Astrabadi al-Fakri al-Gurgani. Wis o ramin, a romance of ancient Persia; edited by W. N. Lees and Ahmed Ali. — Calcutta, 1865, 8°.

(Bibliotheca Indica, n° 57.) Voir ces noms au ch. II.

Fani. Voir à ce mot au ch. II.

164. Farzanah Bahram ibn Ispendiya, parsi. شارستان چهر جون (book of four meadows). Mythology and History of the ancient Persians up to Khusru Perwiz (in persian). Bombay, era of Yesdezerd, 1223 (= 1853), lithogr., 8°.

Pour l'analyse, voir Catal. Trubner, 1869, p. 61.

164 a. Fatheh Ali, chah de Perse, actuellement régnant (s. l. n. d.). 4°, pièce. (de 1797 à 1834).

Ferid Attar. Voir à ce mot au ch. II.

165. Ferrier (J. J. P.). Caravan journeys and wanderings in Persia, Afganistan, Turkestan and Beloochistan, with historical notices of the countries lying between Russia and India. Translated from the original unpublished manuscript by capt. Will. Jesse. London, 1856, 8° avec cartes.

Voir Schmidt, Bibliotheca historico-geogr., II, p. 133.

Traduction française, Paris, 1860, 2 vol. 8°.

166. Ferrières-Sauvebœuf. Mémoires historiques... des voyages faits en Turquie, en Perse et en Arabie. Paris, 1790, 2 vol. 8°.

Fiennes. Voir Krusinski.

167. Figueroa (don Garcias de Silva). Ambassade en Perse, contenant la politique de cet empire, les mœurs du roi Schah Abbas, et une relation de tous les lieux de Perse et des Indes où cet ambassadeur a été l'espace de huit ans qu'il y a demeuré; traduit de l'espagnol par de Vicqfort. — Paris, 1667, in-4°.

Voyage de 1617 à 1624.

167ᵃ. Filippi (F. D.). Note de un Viaggio in Persia nel 1862. — Milano, 1865, 8°.

V. Muldener, Bibliotheca Geogr. Statistica, II, p. 126.

168. Firdousi. The Shahnameh, being a series of heroic poems on the ancient history of Persia, from the earliest times down to the subjection of the persian empire by its Mohammedan conquerors under the reign of king Yusdijird, by the celebrated Abool Kasim i Firdousi of Toos. Calcutta, 1811, 4°.

1ᵉʳ vol. d'une édition qui devait en avoir 8, mais qui n'a pas été continuée, dit Brunet. Il ne contient que le texte persan, sans notes, avec une courte préface anglaise par Lumsden, qui en fut l'éditeur.

169. — Poems of Firdousi, translated from the persian by Joseph Champion. London, 1788, 4°.

Traduction en vers anglais du commencement du Schah Nameh; la suite n'a point paru (Brunet).

170. — Sohrab a poem. Freely translated from the original persian of Firdousi, being a portion of the Shah Nameh of that celebrated poet, by James Atkinson. Published unter the sanction of the college of fort William. Calcutta, 1814, 8°.

Traduction accompagnée du texte persan et de notes.

Il a traduit aussi :

171. — Shah Nameh of the persian poet Firdousi. London, 1833, in-8°.

172. — Episodes from the shah Nameh or Annals of the persian kings by Ferdousee. Translated into english verse with notes and authorities, a verbal index, persian and english, and some account of the contains of the whole poem by Stephan Weston. With plate. London, 1815, 8°.

173. — Proben einer Uebersetzung des Schahname (in deutschen Versen) durch Joseph von Hammer.

Dans Fundgruben des Orients, t. II, p. 421-450, t. III, p. 57-64.

174. — Proben aus dem Schahnameh von Gr. von Ludolf.

Ibid. II, p. 57-60.

175. — Proben einer Uebersetzung des Shahnameh, durch Hrn S. Fr. Gunther Wahl.

Ibid., t. V, p. 105-137; 233-264; 351-389.

Comp. Silv. de Sacy, Journal des Savants, 1818, p. 669-70.

176. — Traduction abrégée en vers hindoustanis par le Mounschi Mol. Calcutta, 1846, 4°.

177. — شاهنامه حكيم ابو القاسم فردوسى طوسى Téhéran, 1267 (1850), lith. f°.

C'est le Schahnameh d'après l'édition Macan, illustré.—Zenker, t. II, p. 38, n° 485.

178. — خلاصة شاهنامه (Extrait en prose). — Lucnow. Lith. (Ibid., n° 490.)

179. — The Shah Nameh, an heroïc poem containing an history of Persia from Kioomurs to Yesdejird; that is, from the earliest times to the conquest of that Empire by the Arabes; by Aboul Kasim Firdousee; carefully collated with a number of oldest and best manuscripts, and illustrated by a copious glossary of obsolate words and obscure idioms; with an introduction and life of the author, in English and Persian and an appendice containing the interpolated episodes, etc., found in differents manuscripts by Turner Macan, persian interpreter to the commander in chief and member of the Asiatic Society of Calcutta. — Calcutta, 1829, 4° vol. 8°.

Voy. art. de Silvestre de Sacy au Journal des Savants, 1833, p. 34 (M. de Sacy annonçait un deuxième article qui n'a pas paru.)

180. — Le livre des Rois par Aboul Kasim Firdousi, publié, traduit et commenté par J. Mohl. — Paris, 1838 et suiv., in-f°.

Plus de 11 articles (sans compter une suite annoncée, mais non publiée), lui ont été consacrés par Quatremère dans le Journal des Savants, pour analyser l'œuvre et rendre compte de la traduction.

Les 3 premiers articles sont des mémoires spéciaux :

1° Considérations sur l'ancienne histoire de la Perse.

2° Observations sur les monuments histor. de l'ancienne Perse.

3° Des langues et usages chez les Perses.

Firuz ben Kaus. Voir Desatir.

181. Flandin. Voyage archéologique en Perse. — Dans Revue des Deux-Mondes, 1850, t. VII, p. 114, 413.

182. — Téhéran, Ispahan, Chiraz et le golfe Persique.—Ib., 1851, XII, p. 585.

183. — Voyage en Perse par Eugène Flandin, peintre, et Pascal Coste, architecte, attachés à l'ambassade de France en Perse, publié sous la direction d'une commission composée de MM. Burnouf, Lebas et Ach. Leclerc, de l'Institut. Paris, 1850-54.

L'ouvrage entier comprend : 1° Perse ancienne, 8°, avec 4 vol. in-f° de 245 pl.; 2° Perse moderne, 8°, avec 100 pl.; 3° Relation du Voyage, 2 vol. 8° avec une carte de la Perse.

183 a. — Prise d'Hérat et l'expédition anglaise dans le golfe persique.

Dans la Revue des deux Mondes du 1ᵉʳ février 1857.

184. Flucht und Ermordung Iezdegard's des letzten persischen Kaisers, aus der Familie der Sassaniden, übersetzt aus dem persischen nach Ahmed ibn-Asem. — Dans Asiatisches Magazin, 1802, p. 161.

185. Folcker (Petrus). Dissertatio historico-politica de statu Persarum hodierno in Oriente quam cum consensu amplissimi collegii philosophici ei submittit. — Upsal, 1705, in-12. (Bibliothèque Langlès.)

186. Fontanier. Voyage dans l'Inde et dans le golfe Persique par l'Egypte et la mer Rouge. Paris, Paulin, 1844-47, 3 vol. 8°.

Pour l'analyse, voir Annales des Voyages, t. 45, p. 361.

187. Force militaire de la Perse. (Extrait de la description statistique de la Perse, publiée en russe dans le Kavkas.) — Dans Erman's Archiv für wissenschaftliche Kunde von Russland, t. XII, p. 360-73.

187 a. Forgues. Téhéran et la Perse en 1863.

Dans la Revue des Deux Mondes du 15 mai 1864.

188. Forster (George). A journey from Bengal to England through the northern parts of India, Kashmire, Afganistan and Persia, and into Russia by the caspian sea. London, 1798, 2 vol. 4°.—New ed., 1808, 2 vol. 8°.

Le 1ᵉʳ v. a paru d'abord seul à Galcutta, 1790, 4°, dit Lowndes à ce mot. Trad. all. par Ephr. Meiners. — Zürich, 1796-1800, 2 vol. 8°.

Trad. française, Berne, 1798, gr. 8°, et Paris, 1802, 8°, par Langlès.

189. FOURMONT (abbé). Histoire d'une Révolution arrivée en Perse dans le vi⁰ siècle.

Recueil de l'Académie des Inscript. et Belles-Lettres, 1ʳᵉ série, Histoire, t. VII, p. 325.

190. FOWLER (George). Three years in Persia, with travelling adventures in Kordistan. London, 1841-42, 2 vol. 8°.

Quoique superficiel, cet ouvrage contient de curieuses esquisses des mœurs persanes et de récits sur les événements contemporains, comme le meurtre de l'ambassadeur russe Grabeydoff. — Voir Asiatic Journal of London, 1841, 2ᵉ vol., ou 2ᵉ série, t. XXXV, p. 190.

Trad. allemande par C. Richard. — Aachen, 1842, 2 vol. gr. 8°.

191. FRAGMENTE aus dem Tagebuche eines deutschen Naturforschers in Persien. — Article anonyme dans Ausland, 1851, dans presque tous les nᵒˢ.

192. FRANCK (Othmar). Persien und Chili als Pole der physischen Erdbreite und Leistpunkte zur Erkentniss der Erde in ein Sendschreiben an den Hrn Alexander von Humboldt. Mit Anhang. Nürnberg, 1813, 8°.

193. FRANKLIN (William). Observations made on a tour from Bengale to Persia in the Years 1786-87, with a short account of the remains of the celebrated palace of Persepolis, and other interesting events. London, 1790, 8°.

Traduction allemande par J. R. Forster. — Berlin, 1790 gr. 8°.

Ce voyage a été traduit en français sous le titre suivant :

194. — Voyage de Bengale à Chiraz en 1787-88, suivi d'une notice historique sur la Perse depuis la mort de Nadir-Schah plus connu sous le nom de Thamas-Couly-Khan. Traduit de l'anglais par Langlès avec un mémoire sur Persépolis, et des notes. Paris, an VI (1798), in-8°, avec grav.

Fait partie de la « Collection portative des voyages, » par Langlès.

195. FRASER (J.). The History of Nadir-Schah formerly called Thamas Kuli Khan emperor of Persia. Genuine history of Nadir-Cha with a particular account of his conquest of the Moguls country, Together with several letters between Nadir-Cha and the great Mogul and from Nadir-Cha to his son, with an introduction containing a description and compendious history of Persia and India, by J. M. London, 1732 et 1841, 8°.

196. FRASER (J.-B.). Narrative of a Journey into Khorasan in the years 1821-1822, including some account of the countries to the north-east of Persia; with remarkes upon the national character, governement and resources of that Kingdom. London, 1825, 4° map.

La traduction allemande en 2 vol. 8° (Weimar, 1828-29), forme les tomes 48 et 52 de « Neue-Bibliothek der wichtigsten Reisebeschreibungen » de F. J. Bertuch.

Voir deux articles de Silvestre de Sacy au Journal des Savants, 1826, p. 605 et p. 659. Cf. Edinburgh review, 1823, selon Lowndes à ce mot.

197. — Travels and adventures in Persian provinces on the southern banks of the Caspian sea ; with an appendix containing short notices in the geology and commerce of Persia. London, 1826, 4° — Traduction allemande, Iena, 1827, gr. in-8°, dans le Ethnographisches Archiv.

Voir deux art. de Silvestre de Sacy au Journal des Savants, 1827, p. 76 et 195, et Asiatic Journal of London, t. XXII, 1826, p. 55. Il y en a des extraits en français dans les Annales de Voyages, 1831, 4ᵉ partie, ou t. LII, p. 52.

198. — Notes on a portion of Northern Khorasan. — Dans Journa of the Geog. Society, t. VIII, 1838, p. 308.

199. — From Constantinople to Teheran London, 1838, 2 vol. 8°.

200. — Winters journey from Constantinople to Teheran with travels through various parts of Persia. London, 1838, 2 vol. 8°.

201. — Narrative of the residence of persian princes in London, 1835 and 1836, with an account of their journey from Persia. 2ⁿᵈ ed. London, 1838, 2 vol. 8°.

202. — Travels in Kordistan and Mesopotomia. London, 1840, 2 vol. in-8°, fig.

203. Freshfield-Douglas (W.). Travels in the central Caucasus and Bashan including visits to Ararat and Tebreez and ascends of Kazbek and Elbruz, with maps and illustrations. — London, 1869, in-8°.

Voir Muldener, Bibliotheca geog. statistica, II, p. 179.

204. Froidefond des Farges (H. de). Coup d'œil sur la Perse d'aujourd'hui. Paris, 1861, in-8°.

205. Fryer (John). Travels into Persia began 1672, finished 1681. London, 1693, in-fol.

206. — New account of East India and Persia in eight letters being nine years travels began 1672 and finished 1681, illustrated with maps, figures and useful tables. London, 1698, in-fol.

Traduction hollandaise. Utrecht. 1700, in-4°.

207. Gabriel (P.) de Chinon, capucin. Relations nouvelles du Levant contenant des traités sur la religion, le gouvernement et les coutumes des Perses, des Arméniens et des Gaures, avec une description

particulière de l'établissement et des progrès qu'y ont faits les missionnaires et diverses disputes qu'ils ont eues avec les Orientaux ; composées par le P. G. D. C. et données au public par L. M. (Louis
Moreri). Lyon, 1671, in-12. — 2ᵉ édit. ibid. 1691.

208. GALETTI (J.-G.-A.). Geschichte von Persien. Gotha, 1832,
in-12, 2ᵉ éd. (Nous ignorons la date de la 1ʳᵉ éd.)

GARCIAS DE SYLVA. Voir Figueroa.

209. GARDANE. Journal d'un Voyage dans la Turquie d'Asie et la
Perse, fait en 1807 et 1808, et retour en France. Paris et Marseille,
avec un plan, 1809, in-8°.

Ce court Journal ne porte pas de nom d'auteur ; mais il est évident,
d'après l'avant-propos et les préliminaires, qu'il est de M. Ange de Gardane, attaché à la légation et frère de l'ambassadeur, et non, comme on
l'a cru, du général Gardane lui-même. Le Journal se compose de 128 pages,
vient ensuite un vocabulaire italien-persan-turc composé par Timurat-
Mirza, prince de Georgie, 52 pages. (Voir Annales des Voyages, 1809,
t. VI, p. 127.)

La traduction allemande, même année, Weimar, gr. 8°, forme la
3ᵉ partie du tome XL de la « Bibliothek der neuesten u. wichtigsten Reisebeschreibungen). » (Engelmann, I, p. 102.)

210. — Mission du général Gardane en Perse sous le Premier Empire. Documents historiques publiés par son fils le comte Alfred de
Gardane. Paris, 1865, 8°.

211. GARNIER (H.). Voyage en Perse, Arménie, Mésopotamie, Chal-
dée, etc., avec 4 gravures sur acier. Tours, 1855, 8° ; 5ᵉ éd., 1859 ;
6ᵉ éd., 1864 ; 7ᵉ éd., 1870, in-12.

212. GAUDIN (abbé). Essai historique sur la législation de la Perse,
précédé de la traduction complète du Jardin des Roses de Sâdy. Paris, 1789, 8°.

GAULTIER D'ARC. Voir Perrin.

213. GEMELLI-CARERI. Giro del Mondo, t. II.... Nella Persia. Venezia, 1719, Neapoli, 1720. — Trad. française, Paris, 1720, 8°.

214. Geschichte der Unruhen in Persien und Georgien. Francfurt am Mein, 1755, 8°.

214 a. GIBBONS. Routes in Kirman, Jebal and Khorasan in the years
1831-32.

Dans Journal of the geogr. Society, t. XI, 1841, p. 136.

215. GILLET-DAMITTE. La Perse dans l'équilibre politique universel.
Paris, 1866, 8° avec portrait (36 p.).

(Extrait du Journal général de l'Inst. publique.)

216. Gladwin (Fr.). Memoirs of Khojeh Abdul-Kurrem, a cashmerian of distinction who accompained Nadir-Shah on his return from Hindostan to Persia, whence he travelled to Bagdad etc. ;... translated from the original persian. — Calcutta, 1788, 8°.

217. Glascow und Dickson. Einige orte Kurdistan's nach ihrer Laengen, — Breiten und Hoehenlage. — Dans Zeitschrift für vergleichende Erdkunde, II, 1843, p. 271.

Gmelin. Voir Histoire des Découvertes.

218. Gobineau (Cte de). Mémoire sur l'état social de la Perse actuelle. — Dans les séances et travaux de l'Académie des sciences morales et politiques ; comptes rendus pour 1856, p, 235-263, daté de Téhéran, mars 1856.

219. — Les Religions et les Philosophies de l'Asie centrale. Paris, 1865, in-8°.

Dans ce livre, l'auteur publie ses observations personnelles, détails fort curieux sur l'état politique, moral et philosophique de la Perse : rien n'est plus propre que cette histoire à expliquer la manière dont se forment les sectes en Asie. (Journal asiatique, juillet 1868, p. 60.)

220. — Histoire des Perses d'après les auteurs orientaux, grecs et latins, et particulièrement d'après les mss. orientaux inédits, les monuments figurés, les médailles, les pierres gravées, etc. Paris, 1869, 2 vol. gr. 8°.

« Voulant faire l'histoire du Vieil Iran, dit le Rapport annuel de la Société asiatique (Juillet, 1870, p. 26), l'auteur avait certes le droit et le devoir de tenir compte des anciennes traditions épiques contenues dans les chansons de geste du moyen âge persan... » Cf. Journal des Savants, 1871, p. 185 et suivantes. Voir aussi son brillant Traité des Cunéiformes. Paris, 1864, 2 gr. 8°.

221. Godreau (P.), missionnaire. Relation de la mort de Schah Soliman, roy de Perse, et du couronnement du sultan Ussani, son fils. Paris, 1696, in-12.

222. — Relation d'une mission faite nouvellement par M. l'archevêque d'Ancyre à Ispahan en Perse pour la réunion des Arméniens à l'Église catholique. Paris, 1702, 8°.

223. Goldsmid (Col. F.-J.). Notes on eastern Persia and western Beluchistan. — Journal of the R. Geogr. Society, XXXVIII, p. 269-97.

224. Gorres (J.). Das Heldenbuch von Irân, aus dem Schahnameh des Ferdusi übersetzt. Mit 2 Kupfern und 1 Karte. Berlin, 1820, 2 vol. 8°.

Gottwald. Voir Hamasa.

225. Gouvea. Relaçao da Persia e do Oriente por Antonio de Gouvea. — Lisboa, 1609, in-4°.

La traduction française a paru à Rouen, 1646, in-4°. La nouvelle édit., en 1611, porte un titre plus explicite : Relaçao em que se trata as guerras do rei da Persia Xa-Abbas contro o gran Turco Mahometto et seu filho Amete.

La même année, il publiait le récit suivant :

226. — Ambassade de Persia. Lisboa, 1611, in-4°.

(Boucher de la Richarderie.)

227. Grande bataille donnée entre les Turcs et les Perses, et l'épée rouge et de couleur de sang qui s'est vue sur la ville de Constantinople le 15 novembre dernier, avec la lettre de Constantinople. Lyon, in-8°, 1619.

Ternaux, n° 1218.

228. Grande deffaite des Turcs par Saich Ismaël, Sophi roi de Perse, l'an 1580, et la cause de la hayne et guerre d'entre ces deux monarques. — Paris, 1581, in-8°, pièce.

229. Grande (la) et signalée bataille nouvellement donnée près la ville d'Altem et la prise d'un grand nombre des princes et seigneurs en icelle, ensemble la lettre du grand Turc envoyée au roy de Perse avec l'inventaire et la description des riches et inestimables présens qui lui ont été donnés pour la rançon des prisonniers; traduit en françois par le sieur de Chailloux. Paris, 1633, 8°.

Ternaux, n° 1507.

230. Gregorii XV Epistola ed Persarum regem Shah-Abbas. — 1631, in-8°.

Ternaux, n° 1387, n'indique pas le lieu d'impression.

231. Grenink (Dr C.). Die geognostische und orographische Verhaeltnisse des noerdlichen Persiens. — Dans les « Verhandlungen der mineralog. Gesellschaft, zu St-Petersburg. » Année 1852-53, in-8.

Grigorief. Voir Ritter.

231 *a.* Guenot (Lucien). La Perse ancienne et nouvelle; mœurs, coutumes, religion, finances, gouvernement, configuration géographique, suivi de notes. Paris, 1862, in-12.

232. Guilliny. Essai sur le Ghilan. — Dans Bulletin de la Société de Géographie, février 1866, p. 81-103.

233. H.— Topographie und Statistik der persischen Turkomanen. Dans Mineralogische gesellschaft zu St-Petersburg, n° 110, août 1862, p. 96-103.

234. — Talysch, eine geographische Skizze. — Dans 3ter Jahresbericht des Vereins für Erdkunde zu Dresden, 1866, Anhang, p. 1-64.

235. Hablizl (R.). Bemerkungen gemacht in der persischen Land-
schaft Ghilan und auf den gilanschen Gebirgen in den Jahren 1773
und 1774. St-Petersburg, 1783, in 4°.

(Boucher de la Richarderie.)

236. Hagemann (G. E.). Monumenti persepolitani e Ferdusio poeta
Persarum heroico illustratio, illustratis proposuit... Gottingae, 1801, 4°.

237. Hamasae Ispahanensis annalium libri X, edidit S. N. E.
Gottwaldt. T. I. Textus arabicus. Petropoli, 1844, in-8°.

238. Hammer (Jos.). Mémoire sur l'influence morale et politique du
Mahométisme pendant les trois premières années de l'Hégire.

Ce mémoire a été écrit comme solution de la question posée par l'Institut en 1809. Il montre, dans la troisième partie, ce qu'était la Perse
quand Mohammed apparut et quelle influence ce gouvernement a exercée
sur l'Islamisme. — Pour l'analyse, voir première série des Annales des
Voyages, t. XVII (1812), p. 41-62.

/ Le mémoire entier a paru dans les Fundgruben des Orients (Wien,
1810), t. I, p. 360-390.

239. — Geschichte der Khane das ist : der Mongolen in Persien
mit 9 Beilagen, und Stammtafeln. Darmstadt, 1842-44, 2 volumes, 8°.

240. — Notice sur l'histoire persane de Benakiti, contenant des
renseignements géographiques. — Dans le Bulletin de la Société de
géographie, 2e série, t. VI, 1836, p. 51.

241. Haneberg. Die sinesischen, indischen and tibetischen Gesandt-
schaften am Hof Nuchirwans. — Dans Zeitschrift für Kunde des
Morgenlands, I, 1837, p. 185.

242. Hantzsche (Dr J.-C.). Beitraege zur Geographie und Alter-
thumskunde Nordpersiens. — Dans la Zeitschrift der deutschen-
morgenl. Gesellschaft, t. XVI, 1862, p. 525-532.

L'auteur, qui a exercé la médecine en Perse, décrit en courtes notices
46 localités ou ruines antiques, réparties entre 8 provinces ou districts de
la Perse du Nord.

243. — Haram und Herem. — Zeitschrift für allgemeine Erdkunde.
November 1864, p. 375-390; dezember, p. 409-34.

Intéressant pour les mœurs des femmes de Perse.

244. — Specialstatistik von Persien. — Dans Zeitschrift der Gesell
schaft für Erdkunden Berlin, t. IV, p. 429-60. Comp. Petermann,
1870, p. 117.

245. Hanway (Jonas). An historical account of the British trade
over the caspian sea : with the author's journal of travels from En-

gland through Russia, Germany and Holland. To which are added
the revolutions of Persia during the present century, with the particular history of the great usurper Nadir-Kouly. (With maps and plates). 2. ed. London, T. Osborne, D. Brown, 1754, 2 vol. in-4°.

Voyage de 1743 à 1750.

Le second volume porte le titre suivant :

246. — The revolutions of Persia, containing the reign of shah
sultan Hussein ; the invasion of the Afghan and the reigns of sultan
Mir-Maghmud and his successor sultan Ashreff, with the history of
the Nadir Kouly from his birth in 1687 till his death in 1717, etc.
London, 1753, 2 v. 8°.

247. — Remarquable occurrences in his life ; comprehending an
abstract of such of his travels in Russia and Persia as are most interesting by John Pugh. London, 1787, 8°; autres éd. 1788 et 1798.

Hassan Ali Khan (Ambassadeur de Perse). V. ch. II.

248. Haukal. Specimen geographico-historicum, exhibens disser
tationem de Ibn-Haukalo geographo nec non dissertationem Iranæ
Persicæ cum ex eo scriptore, tum ex aliis manuscriptis arabicis bibliothecæ Lugduno-Bataviæ petitum, quod, annuente summo nu-
mine, præside V. Cl. H. Ar. Hamaker, ad publicam disceptationem
proponit Petr. Jo Uylenbrœk. Lugduni Batavorum, 1822, 4°.

Voir Journal des Savants, 1823, p. 18. Art. de Silvestre de Sacy.

249. Haussknecht. Botanische Reisen in Kurdistan und Persien,
1865-67. — Dans Zeitschrift der Gesellschaft für Erdkunde zu Berlin, t. III, p. 464-73.

250. Hazin. The life of scheikh Mohammed Ali Hazin written by
himself, in persian, edited by F. C. Belfour. — London, 1830, in-8°

251. Heidenstamm (Major). Nagra underrattelser samlade under
en Resa ifrân Turkiet till Persien af en swensk officer. (Notes recueillies pendant un voyage.) Upsal, 1835, 8° (xx-114 p.).

Trad. française dans Annales des Voyages, t. 28, p. 128, 203 et 243.

252. — Irân in seinen gegenwaertigen Zustaende. — Dans « Neue
Geographische Ephemeriden. » (Weimar), t. XVI, 1825, p. 368-72.

253. خلاصة التواريخ (Manuel de généalogie et de chronologie), lithographié à Tebriz en 1262 de l'Hégire (1846 de J.-C.), in-4°.

254. Heldmann (Fr.). Persische Skizzen. Eine Schilderung des ge-
sellschaftlichen Zustandes der Perser nach den besten Quellen für die
Jugend bearbeitet. Darmstadt, 1828, 2 vol. in-16.

Tirage à part de la Neue Jugend-Bibliothek du même auteur.

255. Herbert. Travels into the East. London, 1634, in-4°.

Ce titre déjà très-vague est encore faussé dans la traduction hollandaise : Zee en Land Reyse naar Asie en Africa. — Dordrecht, 1658, in-4°.

Voici le titre de la traduction française :

256. — Relation du voyage de Perse et des Indes orientales, traduite de l'anglais de T. Herbert avec les révolutions arrivées au royaume de Siam, traduites du flamand de Jérémie Van Vliet, par Wicquefort. — Paris, 1663, in-4°, et Leyde, 1719, 4 vol. in-fol.

Ce voyage, dit Boucher de la Richarderie, était le plus instructif qui eût paru sur la Perse avant la publication de celui de Chardin.

257. Herbin (Auguste J. J.), de la Société des sciences, lettres et arts de Paris. Notice sur Khaudjah Hafiz al-Chyrazy, suivie d'une imitation en vers de quelques odes de ce poëte célèbre Paris, Février 1806, in-12 (39 p.).

Cette notice, dit Quérard à ce nom, imprimée par l'auteur à l'aide d'une presse portative, est fort rare, ayant été distribuée par Herbin à ses amis.

258. Heude (Williams). A voyage up the Persian Gulf and a Journey overland from India to England in 1817. Containing notices of Arabia Felix, Arabia Deserta, Persia, Mesopotamia the Garden of Eden, Babylon, Bagdad, Koordistan, Armenia, Asia Minor, etc., etc. By lieut. W. Heude of the Madras military etablishment. — London, Longman, 1819, in-4°, fig.

Trad. en français par le traducteur de Maxvell. — Paris, 1820, 8°.

258 a. Hirsch (Gaston). Téhéran. Paris, 1862, in-12 (36 p.).

259. Hirt. Ueber die Ruinen von Tchilminar. — Dans Denkschriften der K. Academie der Wissenchaften zu Berlin, 1812-13.

260. Histoire de l'irruption des Aghwans commandés par Mahmoud qui ôta la couronne à Shah Hussein et s'empara du trône de Perse (en langue turque). — Constantinople, l'an de l'Hégire 1142 (1729 de J.-C.), in-4°.

Ce titre, dit Brunet, est tout à fait factice ; il n'y a en tête du livre turc, dû à Ibrahim Monteferreke que les mots *Tarikh Saiyahat* (via peregrinatorum), d'après un ouvrage latin du P. Judas Krusinski. Cette *Histoire* a été ensuite retraduite en latin sous le titre de *Chronica peregrinantis* par Clodius (Voir à ce nom et au numéro 326).

261. Histoire de Thamas-Kouli Kan Sophi (roi) de Perse. Amsterdam, 1740-41, 2 vol. in-12.

Cet ouvrage est attribué par Barbier au P. du Cerceau. V. n° 146.

262. Histoire de Thamas Kouli Kan nouveau roy de Perse. — Paris, 1758, 2 vol. in-12.

Attribué par le même à l'abbé de Claustre.

263. Histoire des Révolutions de Perse depuis le commencement de ce siècle jusqu'à la fin du règne de l'usurpateur Azraff. Paris, 1742, 2 vol. in-16.

264. Histoire des Mongols depuis Tchinguis-Kan jusqu'à Timourlan, avec une carte de l'Asie au xiii° siècle, tome I. Paris, 1824, 1 vol. in-8°.

Voir article de J. P. Abel Rémusat, au Journal des Savants, 1824, p. 718.

265. Histoire des découvertes faites par divers savants voyageurs (principalement Pallas, Gmelin et Lebechin) dans plusieurs contrées de la Russie et de la Perse, relativement à l'histoire civile et naturelle, à l'économie rurale, au commerce, etc. (Abrégé de l'allemand par Frey, de Londres.) — Berne et Lausanne, 1779-87, 3 vol. 4° ou 4 in-8.

On en trouve des exempl., dit Barbier, avec les figures coloriées.

266. Histoire du voyageur ou relation faite par un voyageur contenant la description des Révolutions de Perse, traduit du latin en Turc. — Constantinople, 1729, 4°.

267. Histoire véritable de la grande et admirable défaite de l'armée du Turc, avec la perte de 60,000 hommes par Simon Siech, satrape de Suze, cousin du grand Sophi de Perse, avec le divertissement du siége de Malthe entrepris par le grand Turc et empêché par les Perses. Jouxte la copie de Venise et traduit d'italien en français. — Paris, 1615, 8°.

Ternaux, n° 1146.

268. Historical account of the british trade over the Caspian sea, with journal from London into Persia. - London, 1753, in-8°.

V. Boucher de la Richarderie.

269. History of ancient and modern Persia, or an historical and descriptive account of Persia, from the earliest ages to the present time, with a detailed wiew of its ressources, governement, population, natural history and the character of its inhabitants, particulary of the wandering tribes. Illust. by a map et 13 engravings. — Edinburg, 1834, in-12. — 2° édit. London, 1847, 8°.

Traduction allemande, par J. Sporchill. Pesth, 1836, 2 vol. 8°.

269 a. History of Persia from the earliest ages to the Arabian conquest, by Byramji Bhikahi Kangu. Bombay, 1862, 8°.

Titre d'une œuvre écrite en gujarati.

270. Hof (der) und die Gesellschaft in Persien. — Dans Rusland, 1857, n°° 9 et 10.

271. Hohenacker (R.-F.). Hohenprofil und Kartchen des südwestlichen Theiles von Persien mit Rücksicht auf die dortigen Vegetation's Verhaeltnisse nach den Skizzen und Angaben von Theod. Kotschy entworfen. — Esslingen, 1846, in-f°.

272. Hommaire. Voyage en Perse, par Hommaire de Hell.—Paris, 1854, 4 vol. gr. 8° et atlas in-f°.

273. — Fragment inédit du voyage en Perse, de Tauris à Téhéran. — Dans Revue de l'Orient, juillet, 1866, p. 1-23.

274. Hoyer. Kriegszug des Hulagu des Gründers der mongolischen Dynastie in Persien. Aus dem chinesischen. — Dans Zeitschrift fur Kriegskunde, t. LXXV, 1849, p. 267.

275. Hunt (G. H.). Captain-Outram and Havelock's persian campaign with a summary of persian history. An account of various differences between England and Persia, and an inquiry into the origin of the late war by George Townsend. — London, 1857, in-12.

V. Schmit. Bibliotheca historico-geog., I, p. 15.

276. Hussein. History of Hydar Naik, otherwise Nawaub Hyder Ali by Omer Hussein Ali Khan Kirmani, translated from persian mss., by col. W. Miles. — London, 1842, in-8° (avec carte de la Perse).

Le même auteur a traduit aussi l'ouvrage suivant qui est la suite naturelle de Hyder-Ali :

277. — The history of the reign of Tipu Sultan by Mir Hussein Ali Khan Kirmani, being a continuation of the Neshani Hyduri, translated from the persian by W. Miles. — London, 1844, gr. 8°.

278. Ibn-Batuta. Travels (in Egypt, Syria, Persia, Arabia, etc.), translated from the abridged arabic ms. copies, with notes by S. Lee. London, 1829, 4°. — (Oriental translation fund.)

Texte arabe et trad. française par C. Defrémery et B.-R. Sanguinetti. Paris, 1853-59, 4 vol. 8°.

Trad. portugaise par Jose de Santo Antonio Moura. Lisbonne, 1840, petit 4°.

279. Inayat Allah-Munshi. بهار دانش ou le Jardin de l'Entendement, Nouvelles persanes, avec commentaire marginal. Bombay, 1277 (1860), gr. 8°.

Catal. Trubner, 1869, p. 52.

280. Imbrecht (Samuel). Voyagien naar het groot en magtige koningrick van Persia.—Amsterdam, in-4°, 1667. (Ternaux, n° 2058, et Boucher de la Richardière, t. IV, p. 449.)

281. Irruption of Persian into Russia during the last war. — Dans the Portfolio a collection of state papers (London), t. I, 1836, p. 318.

282. Isfahani (Sadik). Geographical works, translated from original persian mss. in the collection of sir W. Ouseley, the editor. London, 1838, 8°.

V. Denis, Manuel du Bibliographe, p. 390 *a*.

283. Island of Kharak. — Asiatic Journal, XXVII, 1838, p. 23.

Ispendia. Voir Farzanah.

284. Itinéraire d'un voyage fait par terre depuis Constantinople jusqu'à Téhéran, dans l'année 1805. — A la suite de la traduction française du Voyage de Scott-Waring de l'Inde à Chyras, formant le tome III de la traduction française du premier voyage de J. Morier en Perse, pag. 243-321.

L'éditeur de cet itinéraire n'en a indiqué ni la source ni l'auteur.

285. Iwes (Edw.). Voyage from England to India in the year 1754 interposed with some interesting passages relating to the manners, customes, etc., of several nations in Indostan, also a journey from Persia to England by an usual route. — London, 1773, 4°.

Jaami. Voir Thompson.

Jalal-Eddin. Voir Some Account et ch. ii.

286. Jang Nameh. ‏جنك نامه نعمت خانائى‏ Lucknow, A. H., 1279, (= 1862), 8°.

287. Jaubert (Amédée). Voyage en Arménie et en Perse fait dans les années 1805 et 1806, accompagné d'une carte des pays conquis entre Constantinople et Téhéran, dressée par M. le chef d'escadron Lapie, suivie d'une Notice sur le Ghilan et le Mazenderan par le colonel Trezel et orné de planches lithographiées. — Paris, 1821, 8°.

Il faisait partie des ambassades envoyées par Napoléon Ier à la cour de Perse, dans le but de fournir des notions nouvelles à la science, bien qu'au fond la politique en était le principal élément. (Annales des Voyages, 1re série, 1809, t. VI, p. 127.) Voir au Journal des Savants, 1822, p. 274, ce qu'en dit Silvestre de Sacy; Annales des Voyages, t. XII, p. 236.

Nouv. éd. précédée d'une notice sur l'auteur par M. Sédillot. Paris, 1860, 8°.

Traduction allemande. Weimar, 1822, in-8°, — dans la « Neue Bibliothek der wichtigsten Reisebeschreibungen, » t. XXXII, 1re partie.

288. — Histoire persane de la dynastie des Kadjars. — Dans Journal asiatique, 1834, t. XIII, p. 122.

Voir aussi à Mirkhond.

288 *a*. Jenkinson (A). Voyage through Russia and over the Caspian zea into Persia, anno 1564.

Dans Hackluyt's principal navigations (fol. 1600), t. I.

289. Johnson (Rich.) *Ibid*. Voir Edward.

290. Johnson (lieut.-col.). A Journey from India to England through Persia, Georgia, Russia, Poland and Prussia, in the year 1817, illustrated with 13 engravings. — London. 1 vol. 4°.

Voir Journal des Savants, 1818, p. 717, article de Abel Remusat; et Annales des voyages, t. II, p. 197.

291. Jones. Histoire de Nader Schah, connu sous le nom de Thamas Kuli Khan, empereur de Perse, traduite du persan par ordre de S. M. le roi de Danemark, avec des notes chronologiques, historiques, géographiques et un traité sur la poésie orientale. — London, 1770, in-4°.

V. Zenker, I, p. 103, n° 863. Pour l'édition anglaise, London, 1742 et 1773, 8°., l'édition de Paris, 1757, 2 in-8°, et enfin pour la version allemande, Greifswalde, 1773, 4°, voir ibid., n°s 860-865, et ci-dessus à Frazer.

292. Jones (William). Discourse on the Persians.

293. — On the mystical poetry of the Persians and Hindus.

Voir Asiatic Researches or transactions of the Society instituted in Bengal. Calcutta (1790), 4°, t. II, p. 43-67, t. III, p. 165-183.

294. Joseph de Reuilly (R. P.). Lettre écrite d'Alep le 11 Juin 1726 au R. P. Eusèbe, supérieur des capucins à Tripoli et une autre du 15 Janv. 1728, contenant des particularités sur les affaires de Perse. — Dans le Mercure de France, Janvier 1727 et Août 1728, p. 1726 à 1738.

295. Jouher. The Tezkereh Al-Vakiad, or private memoirs of the Moghul emperor Humayun. Translated from the persian by ch. Stewart, with plates. — London, 1832, gr. 4°.

(Catalogue de Lud. St-Goar, à Francfort-s.-Mein, n° XXXII, p. 128.)

296. Jourdain (M. A.). Notice de l'Histoire universelle de Mirchond, intitulé « le Jardin de la pureté, » suivie de l'histoire de la dynastie des Ismaëliens de Perse, extraite du même ouvrage, en persan et en français. — Dans les notices et extraits des Mss. de la Bibliothèque, t. IX, p. 117 à 273; tirage à part, Paris, 1813, 4°.

297. — La Perse, tableau de l'histoire, du gouvernement, de la littérature de cet empire, des mœurs et coutumes de ses habitants. — Paris, 1814, 5 vol. in-18, fig.

Compilation, dit Brunet, du même genre que la Chine en miniature de M. Breton.

298. Journal d'un Voyage dans la Turquie d'Asie et la Perse fait en 1807 et 1808. — Paris, 1809, 8°.

Simple relation de courrier.

299. Justi. Gesandtschaft des persischen Schah-Abbas I des grossen an den deutschen Kaiser Rudolph II, u. s. w.

Dans Jahrbücher der Geschichte und Staatkunst (Leipzig), 1841, t. II, p. 481.

300. Jutman (S.). Regni Persarum stirps Pischdadi. Lundini, 1811, 4°.

300 *a*. Kaftireff. Renseignements historique géogr., et statistiques sur la Perse, avec une carte de la Perse (en russe). St-Pétersbourg, 1829, 8°.

Kakasch. Voir Tectander.

301. Kampfer. Journey in Persia and other oriental countries. — London, 1736, 2 vol. in-f°.

Cette relation, dit Boucher de la Richarderie, renferme de bonnes observations. On peut la lire avec fruit, même après Chardin; mais l'auteur est tombé, comme lui, dans plusieurs erreurs relativement aux ruines de Persépolis.

Kanga. Voir History of Persia.

302. Kazem-Beg (A.). Notes sur les progrès récents de la civilisation en Perse. — Dans Journal Asiatique, 1857, t. IX, p. 448-462.

303. — Bab et les Babis, ou le soulèvement politique des religieux en Perse, de 1845 à 1853. — Paris, 1867, 8°.

(Extrait n° 4 du Journal Asiatique, 1866).

304. Kazwini (Ahmed ibn Mohammed) تاریخ نگارستان. — Bombay, 1245 de l'Hégire (1829 de J.-C.) lithog. in-f° et 1275 (1858), 8°, lithogr. en caractères *taalik*.

C'est une compilation d'anecdotes historiques selon l'ordre des dynasties. Voir Krafft, die arabischen, persischen, turkischen Handschriften der oriental. Academie zu Wien, p. 88 et suiv.

305. — Extrait du livre des merveilles de la nature, etc., par Mohammed Kazwini, trad. (du persan) par A.-L. Chezy. Paris, 1805, in-8.

306. — عجايب المخلوقات. The wonders of creation by Zakariya ben Muhammad ben Mahmud Kufi Alkazwini. Translated from the original arabic into persian, with numerous coloured illustrations. Lucknow, A. H. 1283 (1866), fol.

306 *a*. Kazwini (Fadlallah). Modjem fi açar i Moluk. Dictionnaire des monuments des rois de Perse, 1259 (1842), 8° (s. l.).

307. Keene (H.-G.). Specimens of persian poetry (Omar Khiam et Ebn Yemin).

Dans Fundgruben des Orients, t. V. (Wien, 1818), p. 137-39.

308. — Persian stories, illustrative of eastern manners and customs. — London, 1835, in-8°.

308 *a*. Kemalpacha zade. Histoire de la campagne de Mohacz, publiée pour la première fois avec la traduction française et des notes, par Pavet de Courteille. Paris, imp. impér., 1859, 8°.

309. Kempthorne. Notes made on a survey along the eastern shores of the persian gulf in 1828. — Dans Journal of the Geog. Society, V, 1835, p. 263.

310. Keppel (George). Narrative of a journey accross the Balcan, by the two passes of Selimno and Pravado, also of a visit to Azani and other newly discovered ruins in Asia Minor, in the years, 1829-30. — London, 1834, in-4°. Maps and plates. Ibid, 1831, in-8°. 2 vol. Maps and pl.

Les nombreuses notes de géographie comparée du colonel Leake ajoutent au prix de la relation du major Keppel.

On avait dejà de ce dernier :

311. — Personal narrative of a Journey from India to England, by Bussorah, Bagdad, the ruins of Babylon, Curdistan, the court of Persia, the western shore of the Caspian sea etc., in the year 1824. — London, 1827, 2 vol. in-8°. — Voir Annales des Voyages, 1827, t. XXXIV, p. 399, et t. XXXV, p. 331-362.

312. Ker-Porter (Robert). Travels in Persia, Georgia, Armenia, ancient Babylonia, etc., during the years 1817, 1818, 1819 and 1820 ; London, 1821, 2 vol. in-4°.

Voir Annales des Voyages, 1821, t. X, p. 153.

313. Khafi-Khan. منتخب اللباب. Edited by Maulawi Kabir al-Din Ahmad. Calcutta, 1870, 2 vol. 8°. (Catal. Trübner, 1874, p. 11.)

314. Khanikoff (Nicolas de). Mémoire sur la partie méridionale de l'Asie centrale. — Paris, 1862, in-4° avec carte.

315. — Mémoire sur Khakâni, poète persan. (Journal asiatique, 1864 et 1865, 2 parties.)

Cette biographie d'un poète persan du vi⁰ siècle de l'Hégyre (xii⁰ de J. C.), est précédée d'un tableau rapide de l'état politique de la Perse dans ce temps.

316. — Mémoire sur l'ethnographie de la Perse. — Paris, 1866, in-4°, avec 3 planches. (Extrait du Recueil de voyages et de mémoires publiés par la Société de géographie.)

« Il montre bien, dit à ce sujet le rapport de la Société asiatique en 1868 (p. 55), l'extension primitive de la race Iranienne et le rôle de cette race dans l'histoire de l'Asie. »

317. Khondemir (fils de Mir-Khond). Habib-as-Sayir (l'ami des

biographies), by Mirza Gheeos od-deen bin Mirza Hamaum od-deen. Being a general history of the world from the earliest times to the year of the Hegira 930 (A. D. 1520). Published under the patronage of the R. Honourable lord John Elphinston, G. C. H., governor of Bombay. By Aga Mohamed Hosine Kashaney. Bombay, 1273 (= 1856) 5 vol. fol. lithogr.

Déjà au Journal des Savants, feu Quatremère, 1843, p. 393, en a parlé. V. Defrémery, Journal asiat., IVe série, t. XVII, p. 106.

318. Kinneir. A geographical Memoir of the persian empire, by J. Macdonal Kinneir. — London, 1813, 4°, with maps.

Brunet. Table, n° 28,062.

Kirmani. Voir à Hussein.

Kitchin. Voir Edward (Arthur).

319. Klaproth (J. von). Russisch-Persisch-Türkische Graenzbestimmung im Jahr 1727.

Dans Fundgruben des Orients (Wien, 1818), t. VI, p. 349-358.

320. Knight. Discourse on the Persians. — Asiatic researches, II, 1807, p. 43.

321. Korph (baron Theodor). Воспоминанiя о Персiи. (Souvenirs de Perse, en russe), 1834-35. Saint-Pétersbourg, 1838, 8°.

Nombreux détails sur la cour de Téhéran à cette époque; aller et retour par Tauris.

322. Kosegarten (Hans Got. Lud.). Bruchstücke aus dem persischen Heldengedichte Barsunameh (texte et trad.).

Dans Fundgruben der Orients, t. V, p. 309-25.

323. —Taberistanensis, id est Abu Dschaferi Mohamed ben Dscherir Ettaberi, Annales regum atque legatorum Dei, ex codice manuscripto berolinensi, arabice edidit et in latinum transtulit. Greysvaldiae, 1838, in-4°. 2 parties.

Nous ne savons si le troisième volume a paru ; il devait contenir la fin des Annales, outre les notes critiques, historiques et géographiques.

La deuxième partie contient des chapitres intéressants sur le progrès des Musulmans en Syrie et leurs luttes contre les Persans, avec les alternatives de succès et de revers.

324. Kotschy. Der westliche Elbrus bei Teheran. — Dans Mittheilungen der geographischen Anstalt, t. V, p. 65 à 111.

Voir Petermann, Mittheilungen, 1862, p. 197. Comp. au mot Hohenacker

325. Kotzebue (Moritz von). Reise nach Persien mit der Kaiserl. Russischen Gesandtschaft im Jahr 1817. — Weimar, 4° et 8°, 1819, avec 9 planches en noir et coloriées.

L'ambassadeur russe envoyé en Perse était Yermoloff.

Traduit de l'allemand par Breton. — Paris, 1819, 8°; 4 figures coloriées. La même année, a paru à Londres une traduction anglaise, 8°.

La deuxième éd., Leipzig, 1826, a été abrégée et porte pour sous-titre : « Für die Jugend bearbeitet, von dem Verfasser der Reisebeschreibung von Columbus, Cook, Dodwel etc. »

(Engelmann, Bibliotheca, II, 1093).

326. Krusinski. Tragica vertentis belli persici historia per repetitas clades ab anno 1711 ad an. 1728 continuata post Gallicos, Hollandicos, Germanicos ac demum Turcicos autores. Leopoli, 1733, in-4, 2° édit. ib. 1740.

Version turque par Ibrahim Efendi Mutefarica. Constantinople, 1242 de l'hégire (1729 de J.-C.), in-4°. — Comp. Clodius et n° 260.

D'après la Biographie universelle, l'auteur lui-même l'a traduite en turc.

327. — Relatio de mutationibus memorabilibus Regni Persarum. Romae, 1727, 8°.

328. — Analecta ad tragicam belli persici historiam. Leopoli, 1755, fol.

Dès 1732, dit Baker dans sa Bibliothèque des écrivains de la Compagnie de Jésus, Stocklein (Joseph) avait donné une version allemande de la *Tragica historia*, et, en 1745, M. de Fiennes l'a traduite en français, lors de son séjour à Constantinople. Publiée à Paris, 1810, in-8°.

329. Kusterer (F. J.). Land ü. Volkskunde von Persien, nach den neuesten u. zuverlaessigsten Hülfsquellen bearbeitet. Wien, 1819, 8°.

(Engelmann, Bibliotheca, t. 1, p. 143.)

330. Laet (J. de.). Persia, seu regni Persiæ status, variaque in Persiam itinera. — Lugd.-Batav., 1633-47, 2 vol. in-4°.

Nouvelle éd.; Leyde, Elzevir, 1654, in-4°.

Cet ouvrage, dit Boucher de la Richarderie, est plus recherché pour les relations que J. de Laet a jointes à sa description de la Perse, que pour sa description même, qui est très-superficielle.

331. Laguiche (Cte de), capitaine d'état-major. Itinéraires en Perse.

V. Bulletin de la Société de Géographie, t. XX, 1843, p. 250-52.

332. Lahawri. بادشاهنامه, by Abd al-Hamid Lahawri. Edited by Mawlawi Kabir al-Din Ahmad and Abd al-Rahim, under the superintendence of W. N. Lees. Calcutta, 1868, 2 vol. 8°.

(Bibliotheca indica, 8 fascic.).

333. La Forest de Bourgon. Relation de la Perse, ou état de la religion dans la plus grande partie de l'Orient.— Angers, 1710, in-24.

334. (La Mamye Clairac.) — Histoire de Perse depuis le commen-

cement de ce siècle. — Paris, 1750, 3 vol. in-12. — Le titre n'est pas signé; mais le nom de l'auteur est au bas de la dédicace à Mgr d'Argenson, ministre d'État. — Très-rare.

335. Lambert (César). Trois relations d'Égypte et relation d'un voyage en Perse fait en 1598. In-4°, 1599, (s. l.).

Lamotte. Voir Bourges.

336. Lange. Specimen academicum Pendnameh sive liber consilii, p. p. Gabriel Geitlin, respondente Ioh. Zacharia Lange, sacellano Helsingfortiensi. — Pars prima et secunda, die 10 Junii 1835, h. a .m. c.

(V. Zenker II, p. 38, n° 485.)

337. Langlès (L.). De la Perse dans l'Inde et du Bengale en Perse; le 1er voyage trad. du persan (d'Ab-ul-Rizac), le 2e de l'anglais (de W. Franklin).

Forme la 2e partie de la *Collection portative des Voyages*, traduite de différentes langues. Paris, 1797-1805, 5 vol. 8° et Atlas 4°.

Voir aussi Abd ul-Rizac.

338. La Roquette. Portes caspiennes. — Dans le Bulletin de la Société de Géographie, t. XIV, 1850, p. 411.

339. Latouche (Em.). Pendnameh, ou le livre des conseils de Moula Firouz ben-Kaous, suivi de plusieurs histoires du Bostan de Sâdi, et de son traité sur la politique. — Paris, 1847, 8°.

340. Layard. Description of the province of Khusistan. Dans le Journal of the Geog. Society, t. XVI, 1846, p. 1.

341. — Ancient sites among the Baktiyari mountains, with remarks on the rivers of Susiana and the site of Suza by Long. — Ibid. XII, 1843, p. 102.

342. — Ninive et ses ruines, avec le récit d'une visite aux chrétiens chaldéens du Kurdistan et aux Yezidis ou adorateurs du Diable. — Dans la Bibliothèque universelle de Genève, t. XIV, 1850, p. 321, 465.

343. Leandro. Persia overo secondo viaggio dell'Oriente, di Fr. Leandro di Santa Cecilia. — Roma, 1757, in-4°.

344. Leben und Gewonheit des Sophi, Künigss der Persier und Medier mit dem aller grossisten kriegen welche er gethan hat wider den grossen Türcken (s. l. n. d.).

Mauvaise traduction de l'ouvrage de J. Rotta (Voy. ce nom).

345. Lebrun. Voyages de Corneille Le Brun par la Moscovie en Perse et aux Indes orientales, avec figures. On y a ajouté la route de M. Isbrants et des remarques contre Chardin et Kempfer, avec une lettre écrite à l'auteur sur ce sujet. — Amsterdam, 1718, 2 vol.

Lee. Voir Ibn-Batouta.

345 *a*. Lefebvre de Bécour. La Russie et l'Angleterre en Perse.
— Revue des Deux Mondes du 15 octobre 1858.

346. Lemm. Astronomische Expedition nach Persien. — Dans Petermann, Mittheilungen, 1856, p. 137.

347. Lenz. Positions-Bestimmungen und magnetische Beobachtungen in Persien. — Dans Petermann, Mittheilungen, 1869, n° 2, p. 70-72.

Imprimé aussi en russe au t. XIII, n° 3, des Mémoires de l'Acad. de St-Pétersbourg.

348. Lettera de Constantinopoli della vittoria del Sophi sopra i gran Turco (s. l.), 1535, 4°.

349. Lettre du grand Sophy de Perse écrite à M. le Prince, en langage persan, avec une copie arabesque, traduite en italien par un chrétien maronite et d'italien en français. — Paris, 1615, in-12.

Ternaux, n° 1145.

350. Lettres écrites d'Ispahan à Alep le 26 mars 1722 :

I. Sur la bataille de Gulnabat ; gazette de Hollande, 18 août 1722.

II. Sur l'investissement de cette première ville et sur la taxe imposée à Julfa ; Gazette de France, 22 août 1722.

351. Lettre du sultan Eschref (de Perse) au Grand Seigneur, pour lui demander la ratification des articles de paix. — Au Mercure de France, décembre 1727, et Mercure de la Haye, février 1728.

351 *a*. Lettre persanne (sic) contenant la relation du massacre de Thamas Kouli Khan, roi de Perse, et la révolution qui a accompagné cet événement tragique. Paris, 1747, 4° (pièce).

352. Lindau (Wilh. A.) Leben und Sitten in Persien. — Dresde. 1828. 2 vol. 8°.

D'après un ouvrage anglais anonyme, selon Engelmann, Bibliotheca 1, p. 143.

353. Long. On the site of Suza. — Dans Journal of the Geogr. Society, III, 1834, p. 257.

354. Luetz. Voyage de Gabriel de Luetz, seigneur d'Aramon en 1546, en Perse, en Égypte, etc. (s. l. n. d.).

Pour ce voyage, de 1546 à 1554, voir ci-dessus à Chesneau.

355. Lumsden. A journey from Merut in India to London, trough Arabia, Persia, etc. — London, 1822, 8°.

356. Lyttelton (lord Georges). Letters from a Persian in England to his friend at Ispahan. London, 1735, 1744, 8°.

357. — Persian letters continued ; or the second volume of letters from Selim at London to Mirza at Ispahan. — 3e éd. London, 1736, in-12.

358. Mahdi. درّه نادری. A history of Nadir Shah, by Mirza Muhammed Mahdi Khan Astarâbâdi. A frontispice containing a portrait of Nadir Shah. Bombay, 1280 (= 1863), in-4º (lithogr.).

Il y en a un manuscrit à la Biblioth. de St-Pétersbourg, nº 304 (Catal. p. 293).

L'édition de Bombay, 1265 (1848), in-fol., a pour titre :

359. تاريخ جهانكشاى نادرى.

La traduction française est de 1770. Pour la traduction anglaise, voir : Jones.

359 a. (Mailly). Voyage et aventures des trois princes de Sarendip, traduit du persan. Paris, 1719, et Amsterdam, 1721, 8º. (Anonyme).

Reproduit aussi dans les « Voyages imaginaires » t. XXV. Trad. italienne par l'auteur même. Venise, 1557 et 1584, 8º.

Graesse, Literatur, II, 3, 993, cite des éditions de 1611, in-12, et 1622 ou 1628, 8º. — Trad. hollandaise, Leyde, 1766, 8º. Trad. allemande. Bâle, 1583, 8º. Leipzig, 1630 et 1723, 8º.

La version italienne, qui équivaut à l'original (désormais perdu), a été traduite en allemand par Benfey, dans Orient und Occident, t. III, p. 257 et suiv. Il suppose que cette œuvre anonyme est une imitation du poëme *Heft piguer,* ou les 7 beautés, de Nizâm.

Comp. Fréron, Année littéraire, 1767, t. I, p. 145 et suiv.

360. Malcolm ou Malcom (sir John). History of Persia in the most early period of the present time, containing an account of the religion, government, usages and character of the inhabitants of that Kingdom. — London, 1815, 2 vol. 4º ; 2e éd., 1829 2 vol. gr. 8º.

Traduction française par M. Benoist. Paris, 1821, 4 vol. 8º.

Traduct. allemande par G. W. Becker. — Leipzig, 2 vol. gr. 8º, 1830. Ce sont les deux premiers vol. de la « Bibliothek der wichtigsten neuern geschichtswerke des Auslandes in Uebersetzungen. » Il y a aussi une traduction allemande dans « Bibliothek ausfürhlicher Voelker ù. Staten Geschichten nach den bedeutendsten classischen werken des Auslandes », t. I, II, par N. O. Spazier. — Stutgart, 1830·31, avec appendice sur la langue, religion et mœurs des Perses.

361. — Sketch of persian life and manners. London, 1828, 2 vol. 8º.

Ouvrage anonyme, dit Brunet, mais attribué à Malcolm. — Cette œuvre est critiquée d'après l'Asiatic Journal of London, dans les Annales des Voyages, 1832, 2e partie, ou t. 56, p. 233.

V. Revue encyclopéd., I (1819), 379; XXII (1825). 402 ; XXXIII (1827), 728.

On a aussi de lui :

362. — Persia, a poem. — London, 1814, 8º.

MANDELSLO, voir Olearius.

MARLEY. Voir Mirkhond.

363. MARCY (abbé). Histoire moderne. Paris, 1765-78, 30 vol. 8º·

Les tomes VI et VII de cette œuvre anonyme sont consacrés aux Persans. Trad. All. Berlin, 1755-78, 8º.

364. MARSH (Rev. Dright W.). The Tennessean in Persia and Koordistan, beings scenes and incidents in the life of Samuel Audley Rhea, with a portrait of Rhea, 2 maps, and 29 illustrations. — Philadelphia, 1870, 8º.

V. Muldener, Bibliotheca geogr., II, p. 86.

365. MARTINEZ (D. Joseph). Memorial al rey pidiéndole cartas para el rey de Persia en recomendacion de D. Thomas Barnaput descendiente de los reyes de Armenia (s. l.), 1691, fol.

Ternaux, nº 2602.

366. MASANDERANI. Geschichte des Nadir Schah Kaisers von Persien. Aus dem persischen von Will. Jones in's deutsche übersetzt. — Greifswald, 1773, in-4º. (Comp. Jones.) V. Catalogue de Lud. de St. Goar, Francfort s. M., nº XXXII, p. 129.

367. MAUBERT DE GOUVEST. L'illustre païsan, ou mémoires et aventures de Daniel Moginié, natif du village de Chezales, canton de Berne, et mort à Agra en 1749, Omrah de première classe, etc., où se trouvent plusieurs particularités des dernières révolutions de la Perse et de l'Indostan et du règne de Thama-Kouli-Khan, écrits et adressés par lui-même à son frère. — Lausanne, 1754, 8º.

Cet ouvrage romanesque, dit Brunet, est attribué à Maubert; il figure parmi les livres relatifs à l'histoire de la Perse dans le catalogue Langlès.

Voici le titre de la trad. allemande :

368. — Selbst-eigene Beschreibung seiner Reise und Seltsamen Begebenheiten in Persien und Indostan, herausgegeben von Richard Tomlinson. — Berne, 1763, 2 vol. in-8º.

Voir Stuck, Verzeichniss Land und Reisebeschreibungen (Halle, 1784, 8º), p. 200.

369. MAUDE (Ashley). Notice sur quelques îles du golfe Persique. — Dans les Annales des Voyages. Nouv. série, t. XXXV, 1827, p. 28.

370. MECHIN (Fredr.). Lettres d'un voyageur en Perse. Djouda, Yesd, les Guèbres. Bourges, 1808, in-8 (12 p.).

Mehdi. Voir Mahdi.

371. Meibaum. Chronica von der Koenigen in Persia auss dem Artaxerxis Magnusœi, welche mit hochster macht, ruhm und ansehm regiert CCCCXII Jahr : Folgends aber von den Sarracens geschwelt ongefehr CC Jahr sehr noetting under priesslich... aus dem Lateinischen ins deutsche versetzt durch M. Henricum Meibaum. — Helmstadt, 1590, 4° fig.

372. Meiners (C.). Einige Nachrichten und Bemerkungen über Armenien und den Berg Ararat. — Dans les Goettinge gelehrte Anzeigen, t. III, n° 3.

Pour sa traduction de Forster, voir à ce nom.

373. Meissner (Aug. G.). Anekdoten zu Nushirvans Leben. Frankfurt am Mein, 1782, 8°.

374. Melgunof (G.). Das südliche Ufer des Kaspischen Meeres, oder die Nord-Provinzen Persiens. — Leipzig, 1868, 8°.

375. Melton (Edouard). Zeldsame en gedenkuerdige see en land-Reyzen door Egypten, West-Indien, Persien, etc. in den Jaere 1660. — Rotterdam, 1681, 4°, fig.

376. Mémoires de Schah Thamas II, empereur de Perse, écrits par lui-même et adressés à son fils. — Paris, 1758, 2 vol. in-12.

(Rédigés, selon M. Barbier, par l'abbé de Tallemand.)

376 a. Mémoires géographiques et historiques sur la Perse et la Crimée. Lyon; 1846, in-18.

Extrait des Lettres édifiantes et curieuses.

377. Memoirs of the Babylonian princess (Maria-Teresa Asmar), daughter of Asmir Abdallah Asmar, containing a narrative of his residence in Mesopotamia, Kurdistan, Ispahan, Teheran and Shiraz written by herself and translated in english. — London, 1844, 2 v. in-8°.

377 a. Mercey (F.). Les fouilles de Ninive en 1852.

Dans Revue des Deux Mondes, du 1er avril 1853 et 15 octobre 1854.

378. Michele (G.). Relazione di Persia. — Academia italiana di Colonia, anno 1589, 4°. Vers. lat. de Jac. Gender dans Bizarro, selon Cicogna, Bibliografia veneziana, p. 168.

378 a. Mignan (captain R.). Journal of a tour through Georgia Persia and Mesopotamia. — Dans le Journal of Asiatic Society of Bengal, t. III, 1834, p. 271, 322, 456, 576; t. IV, 1835, p. 602-20.

379. — Some accounts of the ruins of Ahway. — Dans les Transactions of the R. Asiatic society, t. II, 1829, p. 203.

Miles, voir Hussein.

380. Minadoi (G. F.). Historia della guerra fra Turchi e Persiani, con una descrizione della religione, force, governo e payse del regno dei Persiani. Roma, in-4°, 1587. — Venezia, in-4°, 1594.

A. de Herrera l'a traduit en espagnol. — Madrid, 1588, in-4°. — Le traducteur n'est pas nommé dans la traduction de 1688, in 4°.

La traduction allemande est anonyme :

381. — Persische Storie, von dem langwerigen Krieg der Turcken welcher sich anno 1577 ausponnen. — Francfort, 1592, in-folio.

Traduction anglai● par Abraham Hartwell. — London, 1595, 4°.
Comparez Bizar.

381 a. Miriweis Printz von Candahar und vornehmstes Haupt der itzigen Rebellen in Persien vorgestellet in einer Unterredung zweyer reformirten Studenten deren einer neulich aus Persien wieder in Deutschland angelangt. Anno 1723 (s. l.), 4° (19 p.).

Sous forme de dialogue entre Doxasta et Gladiator; cette pièce est si rare, qu'elle n'est pas même citée par Heinsius dans son Allgemeines Bücher-Lexicon (1700-1810).

382. Mirkhond. Historia priorum regum Persarum post firmatum in regno Islamismum. Ex Mohammede Mirchond Persice et latine cum notis geographicis et litterariis. — Vienne, 1782, 4°.

Extrait attribué à B. Von Jenisch.

(Zenker, I. p. 104, n° 870.)

383. — Mohammedi filii Chawendschahi, vulgo Mirchondi, historia Sammanidarum persice e codice bibliothecæ regiæ Hannoveranæ, nunc primum edidit interpretatione latina annotationibus historicis et indicibus illustravit Fr. Wilken. — Gottingæ, 1808, 4°.

Ibid., p. 105, n° 872.

384. — Mirchondi historia Taheridarum, historicis notis hucusque incognitorum Persiae principum persice et latine edidit E. Mitscherlich. Gottingæ, 1813, 8°, ed. 2, Berolini, 1809, 8° (Ibid. n° 874).

385. — Mirchondi historia Ghuridarum regiæ Persiæ Indiæque atque Carachitajorum imperatorum Tatariæ. E libris manuscriptis persice et latine edidit et annotavit D. E. Mitscherlich. Francofurti ad Mænum, 1812, 8°.

Ibid., n° 875.

386. — History of the early kings of Persia from Kaimars, the first of the Peshdadian dynasty, to the conquest of Iran by Alexander the great. Translated from the original persian of Mirkhond entitled the Rauzat-us-safa, with notes and illustrations by David Shea of the or. depart. in the hon. East India company. — London, 1832, 8°.

Comp. ci-dessus à Jourdain.

Le texte a paru à Bombay, 1848, 2 vol. fol. Pour l'analyse, voir Catal. Trubner, 1869, p. 59-60.

387. — Mohammedi filii Chondschhahi, vulgo Mirchondi historia Gasnevidarum, persice e codicibus Berolinensibus aliisque nunc primum edidit, lectionis varietate instruxit, latine vertit, annotationibusque historicis illustravit Fredericus Wilken, Berolini, 1832, un vol. in-4°.

Voir art. de Silvestre de Sacy au Journal des Savants, 1834, p. 717.

388. — Mirchondi historiam Seldschukidarum, persice e codicibus manuscriptis Parisino et Berolinensi nunc primum edidit, lectionis varietate instruxit, annotationibus criticis et philologicis illustravit Jo. Aug. Vullers. Giessen, 1837, 8°.

Voir 2 art. de Quatremère au Journal des Savants, 1843, p. 170 et 385 :

1° Détails sur la vie et les ouvrages de Mirkhond ;

2° Détails sur Khondemir, fils de Mirkhond, émule de son père dans la carrière historique, abréviateur et continuateur de ses ouvrages.

Vullersen a publié aussi une traduction allemande en 1838. Voir Zenker, I, p. 106, n° 881.

389. — Histoire des Samanides, par Mirkhond; texte persan, traduit et accompagné de notes critiques, historiques et géographiques, par M. Defrémery. — Paris, 1845, 1 vol. 8°.

Comp. ci-dessus à ce nom.

Voyez article de Quatremère au Journal des Savants, 1847, p. 162.

390. — Die Geschichte Tabaristans und der Serbedare, nach Chondemir, persisch und deutsch von Dr Bernhard Dorn. Saint-Pétersbourg, 1850, in-4°.

(Zenker, t. II, p. 59, n° 761.) Voir aussi à Riza.

391. — Muhammed ben Khawenshah ben Mahmoud commonly called Mirkond. The history of Atabek in Syria and Persia now first edited from the collection of 16 mss. by W. H. Marley, to which is added a series of fac-simile of the coins Struck by the Atabek, arranged and described by W. S. Vaux. — London, 1850, gr. 8°.

L'œuvre est accompagnée de 7 planches de médailles de ces princes expliquées par M. Vaux.

Voir Journal asiatique, août 1851, p. 162.

Voir aussi à Silvestre de Sacy et à Wilken.

MIRZA. Voir Abu Taleb-Khan et Kazem-Beg.

MITSCHERLICH. Voir ci-dessus, n⁰ˢ 384-5 (Mirkhond).

392. — Vie de Djenghiz Khan, par Mirkhond (texte persan, à l'usage des élèves de l'école spéciale des langues orientales vivantes (publié par M. Am. Jaubert). Paris, 1841, 8°.

393. — Histoire des sultans du Kharezm, par Mirkhond. Texte persan accompagné de notes à l'usage des élèves de l'école spéciale des langues orientales, par M. Defremery. Paris, 1842, 8°.

Ibid., n° 882-3.

394. Mohl (J.). Fragments de la religion de Zoroastre, extraits des manuscrits persans de la Bibliothèque du Roi, par Mohl. — Paris, 1829, in-8°.

Au Journal des Savants, 1832, p. 3 et 82, M. Sylvestre de Sacy lui a consacré deux articles :

1° Observations sur l'Oulemaï-Islam.

2° Sur le Shah Nameh.

395. — Extraits du Modjmel-al-Tewarikh, relatifs à l'histoire de la Perse, traduits du persan. — Journal asiatique, février 1841, p. 136 à 178; mars, p. 258 à 301; avril, p. 320 à 361; décembre, p. 497 à 537; août-septembre 1842, p. 113 à 152; mai 1843, p. 385-432.

Tirage à part, même année, in-8°.

(Comp. Firdousi.)

Mohsen. Voir Fani.

Mol. Voir Firdousi.

Moginié. Voir Maubert.

396. Montheith. Mémoire pour servir à la description géographique de la Perse.

Bulletin de la Société de géographie, t. VI, 1846, p. 35.

397. — Journal of a tour through Azerdbijan and the shores of the Caspian. — Dans Journal of the Geogr. Society, t. III, 1834, p. 1.

398. Montfort (Denys). La vie et les aventures politiques de Nadir-Mirza Schah, prince de Perse, actuellement à Paris... recueillies et publiées pour la défense de ce prince. Paris, an IX (1801), 8°.

399. Mordtmann. Hekatompylos. Ein Beitrag zur vergleichenden Geographie Persiens. — Dans les Sitzungs Berichte der K. bayerischen Academie zu München, 1869, I, 4° partie, p. 497-536.

400. Morier (James). A Journey through Persia, Armenia and Asia-minor to Constantinople, in the year 1808 and 1809, in which is included some account of the proceedings of H. M. mission under sir Hartlord John to the court of the king of Persia. — London, 1812, in-4°. Maps and plates.

Voir Annales des Voyages, 1re série, t. XVIII, p. 394.

Traduction française par E*** (Eyriès).— Paris, 1813, in-8°, 3 vol., fig. et atlas.

Le voyage de Morier n'occupe que les deux premiers vol.; le troisième est consacré à la traduction du voyage de Scott-Waring à Chyras et un Itinéraire anonyme en Asie-Mineure. Selon Tancoigne, son itinéraire aurait été volé et antidaté de deux ans.

Le deuxième voyage, de 1810 à 1816 (trad. anonyme), a paru à Paris, 1818, 2 vol. 8°.

L'auteur était secrétaire de la mission que le cabinet de Londres envoya en 1808 à la cour de Téhéran.

400 a. — Some accounts of Hyats or wandering tribes of Persia. — Dans Journal of the Geogr. Society, t. VII, 1837, p. 230.

401. MORISOT (S. B.). Recueil de diverses relations nouvelles de l'île de Madagascar, du Brésil, de l'Égypte et de la Perse. — Paris, 1651, 4°.

Ternaux, n° 1761.

402. (MORLEY). تاريخ بيهقى containing the life of Masaud, son of sultan Mahmud of Ghaznin ; edited by W. H. Morley, and printed under the superevision of capt. W. N. Lees. Calcutta, 1862, 8°.

Catal. Trubner, 1874, p. 13.

403. MORTADHA. كتاب كلشن خلفآء لنظمى زاده افندى (en turc). La Rose de joie des Khalifes, c'est-à-dire l'histoire de tout ce qui s'est passé de plus remarquable en Perse, Grèce, Syrie, Égypte, etc., entre les nations mahométanes, depuis l'an 127 de l'Hégire jusqu'en l'an 1130. Composée par Mortadha-Nazmi Zadeh Effendi. Constantinople, 1143 de l'Hégire (1730), in-folio.

MOSSI. Voir au mot Breve.

404. MOTAMAD KHAN. اقبال نامه جهانكيرى Edited by Abd-al-Hati and Ahmad-Ali. Calcutta, 1865, 8°. — Bibliotheca indica, 3e série.

405. مُحرّق القلوب (Histoire de la famille du khalife Ali). Téhéran, 1239 (1824), in-fol.

406. MOUNSEY (James), M. D. On the overlasting fire in Persia. — Dans les Philosophical transactions, abr. IX, 1748, p. 503.

407. MULLER (J. J.). Historia Merdasidarum ex Halebensibus Dschelaleddini annalibus excerpta. Bonn, 1829, gr. 8°.

408. NACHRICHT von einer reise in Persien im Jahr 1787. Inséré dans la Minerva, 1792, 8e cahier.

409. NARRATIVE of a journey through parts of Persia and Kurdistan undertaken by commander J. F. Jones, I. N. of. H. C. S. V. Nitocris in company with major Rawlinson (1844). — Dans les transactions of the Bombay geographical Society, t. VIII, 1849, p. 249-334.

410. Nazare-Aga. Du mouvement civilisateur en Perse. — Dans la Revue Orientale, t. VIII, 1862, p. 119-132.

Nedschef kuli. Voir Abdulrizac.

411. Nerciat (B^{on} de). Examen critique du voyage en Perse de M. le colonel Gaspard Drouville en 1812 et 1813. — Paris, s. d. (16 p.).

A propos de la 2e éd. (1825).

412. Newberie (John). Two voyages, one into the holy Land, the other to Bassora, Ormus, Persia and backe throw Turkie.

Dans Purchas, his pilgrims, etc. (London, 1626, 5 vol. in-fol.), II, p. 1410-21.

413. Newe zeitung wie der koning von Persien den Turkischen keyser drey mahl aus dem Feld geschlagen (s. l.), 1579.

414. Newe zeitung aus Veneding, Darin wird confirmirt die grosse niederlag des Turken vom konig in Persia, in Monat October beschehen. — München, 1585, in-8°.

Ternaux, n° 559.

415. Nicolas. Note sur l'enseignement en Perse. Paris, 1862, 8°. (Extr. du *Journal Asiatique*.)

Nigaristan. — Voir Ch. II.

416. Nikbi ben Massoud. Histoire des rois de Perse, des Khalifes de plusieurs dynasties et de Genghins-Khan.

Dans les notices et extraits des mss. de la Bibliothèque nationale, t. II (1789), p. 315 à 385, Silvestre de Sacy a analysé l'ouvrage de Nikbi, qui se trouve dans le fond des manuscrits persans de ladite Bibliothèque, n° 61, sans titre, ni date (in-fol. de 640 feuillets).

417. Ninive la grande ville, retrouvée au xixe siècle. Toulouse, 1854, in-24, et 1863 avec fig.

418. Note sur l'histoire de Shah-Abbas, écrite en persan et intitulée : Tarikh-Alem-Araï. — Journal asiatique, 1824, t. II, p. 86.

419. Notice géographique et statistique sur le Ghilan et le Mazenderan, provinces de l'Empire de Perse. — Dans le Journal des sciences militaires, t. II.

419 a. Notice sur le commerce de la Perse. — Revue encyclop., XXXII (1827), 865.

420. Nouvelle conversion du roi de Perse, avec la deffette de deux cens mil (*sic*) turcs après sa conversion. — Paris et Lyon, 1606, 8° (pièce).

421. Nouvelle histoire de Gengiskan, conquérant de l'Asie. — Paris, 1716, in-12.

422. Nueva relazione della presa di Babilonia dove si vede como i gran Turco e andato lui in persona con quatro cento mila di com-

battanti et s'entende la gran mortalita ed uccisione fatta di Turchi co
Persiani. Bologna, 1543, 8°.

Dans Ternaux seul (n° 2882), nous avons vu ce titre.

423. Ockley (Simon). The conquest of Syria, Persia and Egypt by
the Saracens and the history of the Saracens. — London, 1718, 8°; 4°
éd. 1747, 8°.

424. Odoricus (Beatus). Voyage to Asia Minor, Armenia, Chaldea.
Persia, India, etc.

Dans Hakluyt's principal navigations (fol. 1600), t. II.

425. Olearius (Ad.). Relation du voyage d'Olearius en Moscovie.
Tartarie et Perse, contenant le voyage de J. A. de Mandelslo. — Paris,
Dezallier, 2 vol. in-4°, fig., 1629.

C'est du moins la 1ʳᵉ édition, selon Ternaux (n° 1432); l'original est
écrit en allemand.

Édition hollandaise. — Amsterdam, 1651, in-4°, réimprimée à Utrecht
et à Groningue dans la même année.

Traduction anglaise par Vicquefort. Paris, 1656, 1659, 1666, 4°.

Texte all. (s. l.), 1656. Traduction anglaise par John Davies. — London,
1662, in-fol.

Réimprimé enfin à Hambourg, 1696, in-fol. avec fig. en tête d'un recueil
contenant aussi les voyages de Mandelslohe, Andersen, Yversen, Martini,
et le poëme de Sâdi.

426. Olivier (G. A.). Voyage dans l'empire othoman, l'Égypte et la
Perse, fait par ordre du gouvernement pendant les six premières années
de la République. — Paris, an IX (1801-1802), in-4°, 3 vol. Atlas
gr. in-4°.

Ibid., in-8°, 6 vol., 1801-1807, même atlas.

Voir l'éloge historique d'Olivier, par G. Cuvier, secrétaire perpétuel de
l'Académie des sciences, lu le 8 janvier 1816 dans le recueil de ses Éloges
historiques (t. II, Paris, 1819, in-8°), p. 235-265, et p. 425-442.

Bruguières était le compagnon de voyage d'Olivier, et quoiqu'il fût mort
dans le cours de l'expédition, on s'étonne et on regrette à la fois de ne pas
voir son nom figurer au titre de la relation. Ce voyage, qui dura de 1792 à
1798, intéresse surtout l'histoire naturelle.

(Vivien de St-Martin, Asie, t. II, p. 773; t. III, p. 101.)

Trad. allemande de L. K. M. Muller. Leipzig, 18.8, 2 vol. gr. 8°, fig.

427. Or (De l'). Beitraege zur neuesten Militair-Geschichte Asiens,
Persien. — Dans Zeitschrift für Kriegskunde, 1824, t. I, p. 35 à 118.

428. Orlowsky. Costume of Persia drawn from nature by A.
Orlowski and on stone by Hullmann Dighton. London, 1820, gr. fol.

Précieuse collection quant à la fidélité du costume, dit Denis. Bibliographie, p. 391 *a*. Voir aussi à Drouville.

429. OTTER (J.). Voyage en Turquie et en Perse, avec une relation des expéditions de Thamas Kouli Kan, par M. Otter, de l'Académie des inscriptions et belles-lettres. — Paris, 1748, in-12, 2vol. avec une carte de d'Anville.

Chargé d'une mission à la fois scientifique et commerciale près du schah de Perse, le jeune Suédois traversa l'Asie Mineure en 1736, en suivant la route des caravanes de Syrie, et se rendit à Ispahan. Il revint de Perse, en 1743, par le haut Euphrate.

Traduction allemande avec notes, table complète et biographie de l'auteur, par G. F. Schade.—Nurnberg, 1789-91, 2 vol. gr. 8°.; 2° éd., Hallec 1823, gr. 8°.

430. OUSELEY (William). Epitome of the ancient history of Persia extracted and translated from the *Jehan ara*, a persian manuscript and accompained by the original persian. — London, 1799, 8°.

(Zenker, t. I, p. 107, n° 889.)

431. — Biographical notices of persian poets, with critical and explanatory remarks by the late R. H. Sir Gore Ouseley. — London, 1847, 8°.

(Ibid., t. II, p. 60, n° 775.)

432. — Travels in various countries of the East more particularly Persia ; a work wherein the author has described, as far as his own observations extended the state of those countries in 1810, 1811 and 1812, and has endevouried to illustrate many subjects of antiquarian research, history, geography, philology and miscellaneous litterature, with extracts from rare and valuable oriental manuscripts. — London, 1819-1825, 3 vol. in-4°.

Voir 4 art. de Silvestre de Sacy au Journal des Savants, 1819, p. 483, 1822, p. 75, et 1825, p. 270, qui offrent, avec détails, l'analyse des tomes 1er, 2e et 3e séparément.

433. OVERLAND route through the Persia. — Dans Asiatic Journal of London, t. XVI, 1821, p. 6 à 8.

434. PACIFIQUE. Relation du voyage de Perse fait par A. P. Pacifique de Provins, prédicateur capucin. — Paris, 1631, in-4°.

Voir aux mss., à ceux de Paris.

435. PALLAS (P. S.). Reise von der nordlichen seite des Kaukasus bis nach Chon in Persien, in Jahr 1785.

Inséré dans le 2e vol. des Nouveaux mémoires du Nord.

436. PARROT (Friedr.). Reise zum Ararat. Berlin, 1834, 2 vol. 4°.
Traduction anglaise. London, 1845, 8°.

Parry. — Voir Sherley.

437. PARTHEY (D.). Ostindianische und Persianische neunjaehrige

Kriegsdienste und Reisen ; und Beschreibung was sich von 1677 bis 1685 zugetragen. — Nuremberg, 1687, in-12.

Nouvelle éd. 1698, in-12. — (Boucher de la Richarderie.)

437 *a*. Patkanian (H.). Essai d'une histoire de la dynastie des Sassanides, d'après les renseignements fournis par les historiens arméniens; traduit du russe, par M. Evariste Prudhomme. Paris, 1866, 8°.

Pavet de Courteille. Voir à ce nom au chap. II.

438. Pelly (L.). Perlenbanke im persichen Meerbusen.

Dans Ausland, 1866, n° 14, p. 334-35, et Transactions of the Bombay Geographical Society, t. XVIII, January 1865, to décem. 1867.

439. Perkins (J.). Journal of a tour from Ooromiah to Mosul, through the koordish mountains and a visit to the ruins of Niniveh·
— Dans Journal of the American Oriental Society, II, 1851, p. 69.

440. — A residence of 8 years in Persia among the nestorian Christians with notices of the Muhammedans, with a map and plates. London, 1843, 8°.

441. Perrin (N.). La Perse, ou histoire, mœurs et coutumes des habitants de ce royaume, ouvrage traduit ou extrait des relations les plus récentes, avec des notices géographiques et historiques, par Ed. Gauttier, et un essai sur la littérature persane. Paris, 1823, 7 vol. in-18.

Collection Nepveu.

442. Persia, Russia and Afghanistan. — Dans Asiatic Journal (of London), 1839, p. 112, 200, 306.

443. Persia seu regni persici status variaque itinera in atque per Persiam. — Lugduni Batavorum, elzévir avec carte. — 1633, in-12.

Ternaux, n° 1516.

L'exemplaire de la Bibliothèque nationale à Paris (O 1579) est enrichi de notes additionnelles manuscrites.

444. Persia. Sketches. — Dans British and foreign review (London), t. II, p. 425; t. III, p. 335; dans Blackwoods Magazine (Edinburgh), t. XXI, p. 158; et au Museum of foreign litterature (New-York), t. X, p. 446.

445. Persische victoria und turkische niederlag, wahrhafte Beschreibung wellcher Maassen der Persianer und Georgianer Heer das turkische kriegvolk abermals in Mesopotamia geschlagen (s. l.)., 1583, 4°.

446. Petis de La Croix. Histoire de Timur-Bec, traduite du Persan de Cherefeddin-Ali, auteur contemporain. — Paris, 1722, 8°.

Voir Catalogue des ouvrages ayant servi à Lamamye-Clairac.

447. Petren (B.). Regum persarum stirps Kijani. Lundini, 1811, 4°.

447 *a*. Peyssonnel (de). Essai sur les troubles actuels de la Perse et de la Géorgie. Paris, 1754, in-12.

Attribué à de Peyssonnel père, dit Quérard, à ce mot.

448. تفسیر من کتاب قراباذین پارسی, etc. Pharmacopœa persica ex diomate persico in latinum conversa. Opus missionariis, mercatoribus, ceterisque regionum orientalium lustratoribus necessarium, nec non Europæis nationibus perutile. Accedunt in fine specimen notarum in Pharmacopœam persicam tum indices duo, alter pharmaceuticus, alter -pathologicus, remedia ad singulares morbos ostendens. — Lutetiæ Parisiorum, 1681, 4°.

Voir Zenker, I, p. 158, n° 1298.

449. Picault. Histoire des révolutions de Perse pendant la durée du XVIII° siècle. — Paris, 1810, 2 vol. in-8°.

Pour ce travail, l'auteur a su tirer bon parti des notions acquises ; aussi, les recherches qu'il publie sont-elles faites avec soin, et l'on regrette seulement la pâleur du style. (Voir 1re série des Annales des Voyages, 1811, t. XI, p. 272.)

Pietro della Valle. Voir à Valle.

450. Pilote du golfe persique, comprenant le golfe d'Omman. D'après les travaux du commandant C. G. Constable et du lieutenant A. W. Sliffe de la marine royale anglaise des Indes. — Publié par les lords commissaires de l'amirauté, en 1864. Traduit de l'anglais par M. Hocquard, capitaine de frégate, en deux parties. — Paris, 1866, in-8°.

(Publication du dépôt de la marine.)

451. Piot. — Relations diplomatiques de Charles V avec la Perse et la Turquie. — Dans Messager historique de la Belgique, 1843, p. 44.

452. Polak (Dr. Jak. Ed.). Persien ; das land u. seine Bewohner Ethnographische Schilderungen. — Leipzig, 1865, 2 vol. in-8°.

(Voir Muldener, Bibliotheca geogr.-Statistica, I, p. 46.)

Comp. l'analyse de cet ouvrage par M. G. Depping, dans la Revue moderne du 1er juillet 1867 (et tirage à part, 8°).

453. Pope. *Ardaï Wiraf nameh,* or the revelations of Ardaï Wiraf ; translated from the persian and Guzerattee versions with notes and illustrations by J. A. Pope. London, 1816, 40.

454. Porter (P.). Tachmas prince of Persia, an historical novel, translated into english. — London, 1867, 8°.

455. Portii (Henrici) Historia belli Persici gesti inter Murathem III

et Mehemet Hodabende Persarum regem, ac ejusdem itineris Bysan-
tini libri III. — Francofurti, 1583, 8°.

Ternaux, n° 536.

Il se trouve aussi dans Rerum persicarum historia par Bizar. — Voir
ce nom.

456. Poser. Reyse nach Constantinopel durch Bulgarien, Armenien, Persien und Indien. — Jena, 1675, 4°, fig.

Ternaux, n° 2280.

457. Postel. Entrée sollennelle faicte à Rome aux ambassadeurs du
roi de Perse, le 5 avril 1601. — Rouen, 1601, 8°.

458. — Histoire de la cruauté exercée par les Tartares envers trois
P. P. Capucins... ensemble la miraculeuse victoire obtenue par le roi
de Perse, par la prise de la superbe île de Magna, contenant 100 lieues
de longueur et la ruine de la vallée de Tiponet. — Paris, 1607, 8°.

459. Pottinger (lieut. Henry). Travels in Beloochistan and Sinde.
— London, 1816, 4°.

Traduction allemande dans la « Neue Bibliothek der wichtigsten Reisebeschreibungen », t. XII, avec carte. — Weimar, 1817, 8°.

460. Price. Journal of the british embassy in Persia by William
Price esq., assistant secretary to the right hon. sir Gore Ouseley, bar,
ambassador extraordinary and minister to the court of Persia. Embellished with numerous wiews taken in India and Persia. Also a dissertation upon the antiquities of Persepolis. — London, 1825,
2 parts, 4°.

460 a. Prieur de Sombreuil. Les jeunes voyageurs en Perse et en
Arabie, ou détails intéressants sur les productions naturelles et indus-
trielles, les monnments, les curiosités, les mœurs et usages des habitants de ces contrées. — Limoges, 1861, in-18.

Bibliothèque religieuse, morale et littéraire, pour l'enfance et la jeunesse.

461. Procope. De bello persico. Ed. princeps. Romæ, 1509, fol.

Depuis lors, il a été réimprimé par Hœschel, Augustæ vindeb. 1607, puis
par Maltret, Paris, 1662, 4°, et reproduit dans les collections Byzantines du
Louvre, Paris, 1700, fol., et celle de Bonn, 1833, 8°, avec des versions
latines.

462. Prosper de Spiritu Santo. Breve suma de la mission de Persia
por los Carmelitos descalzos, desde el anno de 1621 hasta el de 1624
— Madrid, in-folio, 1626.

Ternaux, n° 1366.

Pugh. voir Hanway.

463. Quatremère. Mémoires historiques sur la vie du sultan Shah

Rokh. — Dans Journal Asiatique. Sept., 1839, p. 193-233; octobre p. 338-364.

Ce travail a été complété et développé dans le suivant :

464. — Notice de l'ouvrage persan qui a pour titre : *Matla Assaadeïn ou Madjma albahar: ïn*, et qui contient l'histoire des deux sultans Schah-Rokh et Abou-Saïd. — Paris, 1843, in-4°.

Cette notice forme la 1re partie du vol. XIV des Notices et Extraits des Mss. de la Bibliothèque (n° 106 ; ms. perse de l'Arsenal, n° 24).

Voir aussi à Raschid.

Comp. Defremery. Notice sur cet ouvrage. Paris, 1845, 8°.

Extrait n° 12 du Journal Asiatique, en 1844.

465. RAFFENEL (T. C.). Résumé de l'histoire de la Perse depuis l'origine de l'empire des Perses jusqu'à ce jour. — Paris, 1825, in-18.

Voir Revue encyclopédique, t. XXVI, p. 845.

466. R. Renseignements sur la situation, les ressources, les industries et le commerce de la Perse. — Dans Annales du commerce extérieur, n° 1595, fév. 1864.

467. RAWLINSON. Notes on a march from Zohrab at the foot of Zagros along the mountains to Khusistan (Susian). — Dans Journal of the Geograph. Society, IX, 1839, p. 26.

468. — Notes on a journey from Tebriz through persian kurdistan to the ruins of Takhti Soleiman. — Dans Journal of the Geog. Society, t. X, 1841, p 1.

469. — Memoir on the site of the Atropateniam Ecbatana. Ib. p. 65.

470. RASCHID. Histoire des Mongols de la Perse, écrite en persan par Raschid Eddin; publiée, traduite en français, accompagnée de notes et d'un Mémoire sur la vie et les ouvrages de l'auteur, par M. Quatremère. T. I. — Paris, 1836, 1 vol. in-folio.

Voir Journal des Savants, art. de M. Garcin de Tassy (1838), p. 501.

Cet ouvrage fait partie de la Collection orientale de manuscrits inédits de la Bibliothèque royale, traduits par ordre du roi. L'on peut y joindre :

471. — Kritische Beurtheilung der von H. Quatremère herausgegebenen « Histoire des Mongols de la Perse » von Franz von Erdmann. Kasan, 1841, 8°.

Zenker, t. I, p. 111, n° 912.

472. — Mémoire sur la vie et les œuvres de Raschid Eddin, par Quatremère.

Dans Fundgruben des Orients, t. V, p. 265-72.

Comp. Silv. de Sacy, Journal des Savants, 1818, p. 670-72

473. Recueil de divers voyages curieux en Tartarie, en Perse et ailleurs. Leyde, 1729, in-4°, 2 vol.

V. Stuck, p. 377, n° 1814.

474. Regio (de). Persarum principatu libri tres. Ex adversariis viri clarissimi Barnabæ Brissonni senatus Parisiensis Præsidis. Ed. secunda, Parisiis, 1599, in-8°.

Dans le Catalogue of the library of the North-Chine Branch of the royal asiatic society, par H. Cordier (1872), p. 42, n° 490.

475. Reineccius. Commentarius de regibus persicis. — Helmstadt, 1588, in-12.

476. Reichard (K.). Neueste Gemaelde von Persien. Wien, 1810, gr. 8°, fig.

477. Reinaud. Monuments arabes, persans et turcs du cabinet de M. le duc de Blacas, et d'autres cabinets, considérés et décrits d'après leurs rapports avec les croyances, les mœurs et l'histoire des nations musulmanes, Paris, 1828, 2 vol. 8°.

478. Reise durch Persien (en 9 cahiers). — Dans la Taschenbibliothek der wichtigsten u. interessantesten see ù. Landreisen (publié en 87 cahiers) — Nurnberg, 1827-36, in-16.

479. Reisen nach Persien, nebst einer Beschreibung der wichtigsten Merkwurdigkeiten dieses Reichs. Francfort s. Mein, 1780 et 1781, 2 vol. in-8°.

Voir Boucher de la Richarderie, et Engelmann. Bibliotheca, I, p. 143.

480. Relaciones de don Juan de Persia, divididas en III libros, donde se trattan las coses notables de Persia, la genealogia de sus reyes, guerras de Persianos, Turcos y Tartaros, e las que vido en el viaje que hizo España y su conversion y la de otros 2 cavalleros persianos. Año 1604, Valladolid.

Ce voyageur a reçu le surnom du pays qu'il a visité, soit d'après le long séjour qu'il y a fait, soit pour la nouveauté des relations qu'il a publiées, selon l'avis de Boucher de la Richarderie.

481. Relaçao do caminho que fez por Persia o embaxador do Gran Sophi e as honras que le fizerao nos reynos e senhorios por onde passan ate chegar a este reyno de Portugal. — Lisboa, 1602, 8°.

Ternaux, n° 2935.

482. Relation de ce qui s'est passé entre les armées du Grand Seigneur et du roy de Perse depuis la fin de l'année 1629 jusqu'à présent, où est descrit le troisième siége de Babylone. — Paris, 1631, in-12.

Ternaux, n° 1473.

483. Relation de cinq Persans convertis et batisés par les carmes déchaussés en la mission de Perse à Ispahan. Paris, 1623, in-12.

Ternaux, n° 3006.

484. Relation de la mort du Shah Soliman, roi de Perse, et du couronnement du sultan Ussain, son fils, avec plusieurs particularités touchant l'état présent des affaires de Perse, et le détail des cérémonies observées à la consécration de l'évêque de Babylone à Zulphalès-Hispahan. Paris, 1696, in-12.

On sait seulement que cet auteur était près de l'évêque, sans doute comme secrétaire.

485. Relation de la suite des révolutions de Perse et le rétablissement du prince Thamas, fils de Chan-Ussein, détrôné et fait mourir par Mirimanon et Escheref, son successeur, tous deux usurpateurs de la couronne de Perse (9 avril 1730). — 4° (s. d.) pièce.

486. Relation des voyages des P. P. de la compagnie de Jésus dans les Indes Orientales et en Perse. — Paris, 2 vol. in-12, 1656.

Ternaux, n° 1844.

487. Relation du voyage de Perse fait par un prédicateur capucin. — Lille, 1632.

Ternaux, n° 1488, n'indique pas le format.

488. Relation d'une mission faite par l'archevêque d'Ancyre à Ispahan pour la réunion des Arméniens à l'Eglise catholique. Paris, 1702, 8°.

(Falconnet, t. II, p. 351, n° 17342.)

489. Relation historique du détrônement du roi de Perse et des révolutions arrivées pendant les années 1722, 1723, 1724 et 1725, tirée d'une lettre écrite à M. Lemaire, consul de France à Tripoly de Syrie, par un missionnaire témoin de la plupart des événements contenus dans cette relation. Paris, 1727, 4° (pièce).

490. — Suite de cette relation avec la liste de ceux qui ont péri (s. d.), 4°.

491. Relation nouvelle du Levant avec une description de l'Asie, Mineure, de l'Arménie et du royaume de Perse. Paris, in-12, 1668.

Ternaux, n° 2065.

492. Remarques topographiques sur quelques cantons trans-Caucasiens et sur la Perse. — Annales des voyages, t. XLV, 1830, p. 343.

493. Rerum gestarum Turcorum et Sophi, Persarum imperatoris de anno MDXIV Breviarium. — Augsbourg. (s. a), in-4°.

494. Rerum Persicarum historia cum Venetarum tentaminibus

ad movendos Persas et Tartaros contra Turcos et itinerario legatorum Persicorum. — Francofurti, in-fol., 1600.

Ternaux, n° 810.

495 Résumés historiques sur la Perse moderne, l'Inde et la Chine. Bordeaux, 1843, 8°.

496. Reynal. Relation du détrônement du roi de Perse. — Paris. 1726-7, in-4°.

Voir Mercure de France, mars 1727 et Gazette de Hollande, du 15 avril 1727.

Reynolds. Voir Utibi.

Rhodes. Voir Alexandre.

496 a. Reynier (L.). De l'économie publique et rurale des Perses et des Phéniciens. Genève, 1819, 8°.

Il y a 3 art. de Silvestre de Sacy sur ce sujet au Journal des Savants, 1837. p. 5, 65 et 204 :

1° : Des familles ou tribus curdes qui exercent aujourd'hui le plus d'influence dans le Curdistan.

2° et 3° : Analyse. Races dont se compose la population du Curdistan. — Ce voyage qui est le 2°, a eu lieu de 1820 à 1821.

497. Rich (Claudius James), esq. the honorable East India Company's resident at Bagdad, autor of an account of ancient Babylon. Narrative of a residence in Koordistan and on the side of ancient Ninevah; with journal of a voyage down the Tigris to Bagdad and an account of a visit to Shirauz and Persepolis. Edited by his widow. London, 1836, 2 vol. 8°.

498. Rich. (J. C.). Voyage aux ruines de Babylone. Paris, 1818, in-8° avec 6 planches.

Il en avait publié des extraits en anglais dans les Mines d'Orient, t. III, p. 129 et 197.

499. Richter (Karl Franz). Historisch kritischer versuch über die Arsaciden und Sassaniden Dynastie, nach den Berichten der Perser, Griechen und Rœmer bearbeitet. Leipzig, 1804, gr. 8°.

500. Ritter (C.). Aus einigen Schreiben von J. H. Petermann. Ueber die Insel Jezd, die neuesten Zustænde der in ihr Lebenden Parsi und seine reise von Jezd nach Ispahan.

— Dans la Zeitschrift für allgemeine Erdkunde herausgegeben von Dr T. E. Gumprecht, t. v, l. I. 1855.

501. — Le Kaboulistan et le Kaferistan, traduit (en russe) et annoté par M. B. Grigorieff, professeur d'histoir orientale à l'université de St-Pétersbourg, 1868, 8°.

502. Riza. روضة الضّغاى ناصرى Tehéran, 1266-1272 de l'Hégire (1850-57.) 12 vol. in-fol.

Cette histoire universelle de la Perse a été publiée par ordre de S. M. Nasser-Eddin et par les soins du Directeur de l'école polytechnique de Tehéran, Riza-Kouli.

C'est une suite à Mirkhond, complétée jusqu'à nos jours.

503. Robertson (W. Tulloh). Rostum Zaboole and Soohrab, from the history of Persia, intitled Shah Nameh, or the book of Kings, by Firdousi. Translated into english verse with the original text, annexed notes and an appendix. Calcutta, 1831, 8°.

Texte persan en regard de la traduction.

504. Rochechouart (Cte Julien de). Souvenir d'un voyage en Perse. Paris, 1867, in-8°.

Par un long séjour, où il remplissait une mission diplomatique, l'auteur s'est entièrement familiarisé avec son sujet.

Il en a paru un extrait dans les Annales des Voyages, an. 1867, 1° partie, p. 50 et suiv.

504 a. Roorda (Taco). Abul Abbas Amedis, Tulonidarum primi, vita et res gestæ. — Lugduni Batav. 1825, 4°.

(D'après les mss. de Leyde.)

505. Rosny (Léon de). La France et l'Espagne en Orient. — Paris, 1860, in-32 (16 p.)

Article dans la *Presse* sur le commerce persan.

506. Ross. (E. C.). Visite to keg. Routes through Mekran. Kurrachee, 1865, 8°.

506 a. — Notes on Mekran. Ibid. 8° (11 p.)

Comp. Année Géo., 1868, p. 249.

507. — Memorandum of notes on Mekran, etc. — Dans Transactions of Bombay geograph. Society, t. XVIII, 1868, p. 36-77, carte.

508. Rota (Joh). Vita, costumie, statura de Sofi, re di Persia, de Media et de molti altri regni e paesi e de la descriptione di paesi e vita e costumi de populi con molte altre cose piacevole. 8° goth. (s. l. n. d.)

Ce livre paraît dater de 1520; il est annoncé comme très-rare dans la Bibliotheca Heberia., I, n° 597°. — Ternaux, Bibliothèque, n° 83, en cite une édition de 1508, 4°, sous le nom de Rotta et aussi (au n° 110) avec une traduction allemande, impr. en 1515,4°. (s. l.).

Le texte italien (sans date) et la version all^de sont décrits dans la Bibliothèque Grenville, p. 622.

On peut y joindre l'ouvrage suivant :

508 a. Copie d'une lettre... de la victoire du Sophy contre le grand Turc. — Paris, 1635, 4°.

5o9. Rottiers (colonel). Itinéraire de Tiflis à Constantinople. Bruxelles, 1829, 8°.

5io. Rousseau (J. B. L.). Extrait de l'itinéraire d'un voyage en Perse par la voie de Bagdad.

Dans les Fundgruben des Orients (Wien, 1813), t. III, p. 85, et tirage à part, Paris, 1813, 8°.

511. — Notice historique sur la Perse ancienne et moderne. — Marseille, 1817, in-8°.

512. Rüge. Die Perlenfischereien im persischen Meerbusen. — Dans Welthandel, t. II, n° 4, p. 193-96.

D'après le mémoire de Pelly (Voir ce nom.)

513. مجمع وطن lithographié à Madras, 1258 de l'Hégyre (1852 de J. C.).

Sprenger (cité par Zenker, t. II, p. 61, n° 782) l'analyse ainsi : biography of modern persian poets of the Decan.

Sacy. Voir Silvestre.

513 *a*. Saint-Martin (J.). Fragments d'une histoire des Arsacides. Ouvrage posthume. Paris, 1830, 2 vol. 8°.

514. Salmon's heutige Historie, oder der gegenwartige Staat von Persien, nach dem englischen und Hollandischen H. Salmon's und H. von Goch. Flensburg und Altona, 1739, 4°, carte.

515. Sanguinolente et cruelle bataille nouvellement obtenue par le Sophy roy de Perse à l'encontre du grand turc Sultan Selim — Ensemble la prinse de la forte ville de Seruan. — Lyon, 1579, pet. in-8°.

516. San-John (Major O.). On the elevation of the country betwen Bushire and Teheran. Avec carte. — Dans Journal of the R. geogr. Society of London, t. XXXVIII, 1868, p. 411-13.

517. Sanson. Voyage ou relation de l'état présent du royaume de Perse, avec une dissertation curieuse sur les mœurs et le gouvernement de cet état. — Paris, 1695, in-12, fig.

La 1re éd. Paris, 1694, in-12 est anonyme et a un titre moins complet.

Sanson, missionnaire apostolique, a voyagé en Perse plusieurs années après Chardin et a recueilli quelques particularités échappées à cet excellent observateur, ainsi que s'exprime Boucher de la Richarderie.

La même année ont paru la version anglaise (London, 8°), et la traduction allemande par Christian Junckherr. — Leipzig, 8°.

Voir Ternaux, n° 2673.

Sarendib. Voir Mailly.

518. Schack (Ad. Fr. von). Epische Dichtungen aus dem persischen von Firdusi. — Berlin, 1853, 2 vol. 8°.

519. — Heldensagen von Firdusi. Zum ersten Male metrisch aus dem persischen übersetzt, nebst einer Einleitung über das iranische Epos. Bischen und Menische. Eine persische Liebesgeschichte von Firdusi. — Berlin, 1851, 8°.

V. Zenker, II p. 38, n⁰ˢ 491-2.

Schems Eddin Ali. Voir à Dorn.

520. Schickard (W.). Tarich, hoc est series regum Persiæ, ab Ardeschi Babekan usque ad Jasdegerdem a chaliphis expressum, per annos fere 400. Cum proemio longiori, in quo relucti quidam Asiæ magnates maxime reges Aderbizan, item Genealogiæ Christi Salvatoris quantum in illâ tenent Saraceni omnia ex fide Manuscripti voluminis authentici apud Musulmanos quod a Turcis ex archivo Fillekensi exportavit et primus in Germaniam invexit vetus Marchtaler Ulmanus, vestita liberiori commentario ex aliis Arabum et Hebræorum libris aliquibus vel non editis hactenus vel nunquam visis latine. Opusculum recens varium et paradoxum : specimen secuturi majoris serviturum Historicis Philologicis geographis et quibuslibet curiosis. Indicibus quoque ornatum authore Wilhelmo Schickardo, Prof. Hebr. Tubingæ, 1628, 4°.

(V. Zenker, I. p. 102.)

521. Schillinger (F. C.). Persianische und ost Indianische reise vom Yahr 1699 bis 1702. — Nurnberg, 1707, in-8° fig. 1709 et 1716, 8°.

Ce barbier badois accompagna deux jésuites missionnaires dans leurs courses apostoliques. La relation n'a jamais été traduite de l'Allemand et ne méritait pas de l'être.

(Vivien de St-Martin, Asie, t. II, p. 42 et 755.)

522. Schlechta-Wssehrd (Ottokar von). Der letzte persich-russische Krieg, 1826-28. Episode aus der Geschichte des modernen Persiens. — Dans la Zeitschrift der deutschen morgen. Gesellschaft, t. XX, 1866, p. 288-325.

Cet épisode est suivi du traité de paix et du cérémonial de la réception des ambassadeurs.

Schmidt. Voir Ssanang.

523. Schultz. Voyage en Perse.

Premières nouvelles dans les Annales des Voyages, t. 35, p. 140 et t. 44, 1829, 4ᵉ partie, p. 383-84.

Schwartzhuber. Voir Weiss.

524. Seidlitz (Nicolaï von). Rundreise um den ¡Urmia-See in Persien, im Jahre 1856. — Dans Petermann, Mittheilungen, 1858, p. 227-53.

525. Selby. Account of the ascent of the Karun and Dizful rivers and the Ab-i-Gargar canal to Shuster. — Dans Journal of the Geogra. Society, t. XIV, 1844, p. 219.

526. Sepsis (A.). Quelques mots sur l'état religieux de la Perse. Paris, 1844, 8°.

L'auteur, né en Grèce, élevé en France et en Allemagne, a fait un long et fructueux séjour en Perse.

527. Sercey (Cte). La Perse en 1840. — Paris, 1854, 8°.

(Extrait de la Revue contemporaine, des 15-31 mars et 15 mai 1854).

528. Serristori. Itinéraire de Constantinople à Abouchir par Arz-Roum, Tavris, Tehéran, Ispahan et Chyras; rédigé dans les années 1828 et 1829 par le Cte Serristori, ancien colonel d'état-major au service de Russie.

Bulletin de la Société de Geog., 2ᵉ série, t. II, 1834, p. 358-384.
Bon itinéraire.

529. — Notizia geografica e statistica sulla Persia.

Dans Annali di statistica, t. LXV, 1840, p. 207.
Shea. Voir Feni.

530. Sheil (lady). Glimpses of life and manners in Persia with notes on Russia, Koords, Toorkomans, Nestorians, Khiva and Persia, with illustrations. — London, 1856, in-8°.

Voir Petermann, Geographische Mittheilungen, 1856, n° VIII, p. 306 — Athenæum, 1856, juin, n° 1493, p. 709.

531. Shepherd (Will. Ashton). From Bombay to Bushire and Bussora; including an account of the present state of Persia and notes on the persian war. — London, 1857, in-8°.

Voir Schmit, Bibliotheca historico geographica, t. I, p. 60.

532. Sherley. A true report of sir Anthony Sherley's journey over land to Venice from thence by sea to Antioch, Aleppo and Babylon, and so to Casbine in Persia. — London, printed by R. B. for. J. J. 1600.

Ternaux, n° 800 (sans format).

533. — A new discourse of sir Ant. Sherley's travels to the Persian empire, written by will. Parry. — London, 1601, in-4° et 1613.

(Editions non indiquées par Ternaux.)

534. Shiel. Notes of a journey from Tebriz through Kurdistan Viâ Van, Billis Sart and Erbil to Soleimaniah, 1836. — Dans Journal of the geographical Society, t. VIII, 1838, p. 54.

535. Silvestre de Sacy. Mémoires sur diverses antiquités de la Perse et sur les médailles des rois de la dynastie des Sassanides, suivis de l'histoire de cette dynastie, traduit du persan de Mirkhond. — Paris, 1793, 4°, avec 9 pl.

536. — Observations sur deux provinces de la Perse Orientale : le Gardjestan et le Djouzdjan. Paris, 1813, 8°.

Afin de rectifier une erreur de géographie commise dans son 1er mémoire, d'après Guignes, l'auteur écrivit un second travail en se fondant sur d'Herbelot, Abul-Feda et Ebn-Haukal.

Extrait des Annales des Voyages, 1re série, t. XX, p. 45-62.

537. — Sur une formule employée dans les légendes des diverses monnaies persanes.

Journal Asiatique, 1831, p. 206.

538. — Mémoire où l'on expose l'autorité des synchronismes établis par Hamza Hisfahani entre les rois de Perse d'une part et de l'autre les rois Arabes du Yemen et de Hira.

Imprimé dans les Mémoires de l'Académie des Inscriptions et Belles-Lettres, nouvelle série, t. X, 1830, p. 1-30.

539. — Mémoire sur les Ismaéliens de Perse et de Syrie.

Au Magasin encyclopédique, XIVe année, 1809, t. IV.

Pour sa traduction de Nikbi ben Massoud, voir à ce nom.

540. Sketches of Persia from the journals of a traveller in the east New. ed. London, 1828, 2 vol. 8°.

541. Sketch of a Journey from Tabriz to Bagdad through Koordistan.

Dans United service Journal, 1839, III, p. 157. ·

542. Smith. Contribution to the geography of central Koordistan. — Dans le journal of the american oriental society, II, 1851, p. 61.

543. Smith (H. G. O) and Dwight (E. C.) Missionary. Researches in Armenia : including a journey through Asia-Minor and into Georgia and Persia, with a visit, to the nestorian and Chaldean Christians of Oormiah and Solmas, to which is prefixed a memoir on the geographs and ancient history of Armenia, by the authors of the modern Traveller. (M. Couder). — London, 1834, in-8°. map.

544. Soltikoff (Pce Alexis). Voyage en Perse. — Paris, 1851, in-8°, 3e éd., 1853, avec fig.

Ce n'est qu'une relation sans but scientifique ; mais il y a de bons dessins.

545. Sophi persarum imperatoris, et Turcarum res gestæ, incerto autore, anno 1515. — Augustæ (s. d.).

Vers 1515, dit Ternaux, n° 114.

546. Some account of Mulana Jalal-ud-din bin Muhammad il-Balchi ar-Rumi (may the Almighty sanctify his secret state).

Extract of a letter from translator to the editor.

Dans Fundgruben des Orients (Wien, 1818), t. VI, p. 429-436.

547. Soret. Trois lettres sur des médailles orientales inédites trouvées à Bokhara. — Société d'histoire de Genève, II, 1843, p. 241.

548. Southgate. Narrative of a journey in Armenia, Koordistan, Persia and Mesopotamia, etc., by the rev. Horatio Southgate. — London, 1840, 2 vol. in-8°, fig.

Brunet, Table, n° 20,494.

549. Spiegel (Fr.). Das persische Koenigsbuch und seine Bedeutung für Geographie und Geschichte. — Dans Russland, 1866, n° 44, p. 1041-46 ; n° 45, p. 1066-70 ; n° 46, p. 1088-90.

550. — Auswærtige Beziehungen Persiens. Die Lænder im Osten.

Ibid. 1864, n° 45, p. 1057 et 1087 ; 1866, n° 17, p. 395-99 ; n° 18, p. 414-18.

551. Spiegel. Erân, das Land zwischen dem Indus und Tigris. Beitræge zur kentniss des Lands und seiner Geschichte. — Berlin, 1863, 8°.

552. Ssanang. Geschichte der ost-Mongolen und ihres Fürstenhauses, verfasst von Ssanang Ssetsen Chungtaidschi der Ordus, aus dem mongolischen übersetzt, und mit dem original-texte, nebst Anmerkungen, Erlæuterungen und Citaten aus andern unedirten Original-werken herausgegeben von J. J. Schmidt. — Saint-Pétersbourg, 1829, in-4°.

Voir art. de J. P. Abel Remusat, dans le Journal des Savants, 1831, p. 27, 115, 151 et 214.

553. Stand der Angelegenheiten zwischen Russland und Persien. — Dans Minerva (Jena), 1827, t. III, p. 235, 348.

554. Stevens (captain John). Historia of Persia. — London, 1715, in-8°.

On y trouve la vie et les actions mémorables des rois de Perse depuis le commencement de la dynastie jusqu'à ce jour.

555. Stewart. The Tezkereh of vakiat or private memoirs of the Moghul emperor Humayun, written in the persian language by Jonker, a confidential domestic of his majesty, translated by major Charles Stewart, of the honorable east India Company, service M. A. R. S. etc., membre de la Société royale asiatique. — Londres, 1832, 1 vol. in-4°.

Voir Journal des Savants, art. de Sylvestre de Sacy, 1833, p. 92 et 533

556. Stiller (Fd.). Verhæltnisse Russlands und Persiens seit der Regierung des Czaaren Ivan Wassiliewich bis zum Ausbruche des

gegenwærtigen krieges (aus dem 5ten Hefte der Pallas). — Altona, 1827, 8°.

557. Stocqueller. Fifteen months'pilgrimage through untrodden tracts of Kurdistan and Persia in a journey from India to England. — London, 1832. 2 vol. 8°.

On en trouve des Extraits en français dans les Annales des Voyages, 1832, 2ᵉ partie, ou t. 56, p. 257-279.

558. Strandmann (E. A.). Chuandamir's afhandling om Qarachitaiska dynastin i Kerman med inleduing och anmærkingar. — Helsingfors, 1869, 8°.

Voir Muldener, Bibliotheca historica, 1870, II, p. 168.

559. Strauss. Reyze door Italien, Turckey en Persien. — Amsterdam, 1678, fol.

Ternaux, n° 2345.

560. Struys (Jean). Voyages en Moscovie, Tartarie, Perse et Indes, avec relation du naufrage du vaisseau hollandais *Ter Schelling*, sur la côte du Bengale. — Amsterdam, 1681, 4° fig.

Nouvelle édition, Paris, 1838, in-12.

561. Stuart (col.). Journal of a residence in northern Persia and the adjacent provinces of Turkey. — London, 1854, 8°.

Voir Schmit, Bibliotheca historico-geogr., II, p. 150.

561 a. Suite des révolutions de Perse; nouvelles écrites de Zulpha le 28 août 1727 (s. d.). Paris, 4° (pièce). — Idem. Extrait d'une lettre d'Ispahan, du 1ᵉʳ mars 1729. 4° (pièce).

562. Szab. Descriptio persici imperii ex Strabonis tum diversorum auctorum cum illo comparatorum fide composita, auctore Joa Szabo. — Heidelberg, 1810, in-8°.

563. Tabari. Conquest of Persia by the Arabs, translated from the turkish by John P. Brown esq. dragoman of the United States legation at Constantinople. — Dans le Journal of the oriental american Society, t. I (1849), p. 435 à 505; t. II, p. 207-234.

L'introduction, p. 437 à 447, est un résumé bibliographique et analytique. Pour l'édition française, voir à Belami.

564. Tahmas Kouli Kan. — Dans Hormayr's Archiv für Geographie, Historie, etc. (Wien), 1812, n° 122.

565. Tancoigne. Lettres sur la Perse et la Russie d'Asie, par Tancoigne. — Paris, 1816, in-8°, 2 vol., fig.

Voyage accompli en 1807 et 1808.

Tani. Voir au mot Brevis.

566. Tarich Fenaï, ou histoire des anciens rois de Perse depuis le

règne d'Hushgend jusqu'à l'époque de la conquête arabe (en turc).
— Vienne, 1784-85, in-4°.

Comp. Schickard.

567. Tavernier. Six voyages en Turquie, en Perse et aux Indes, pendant l'espace de quarante ans, etc. Avec cartes, plans et fig. — Paris, 1676-77, in-4°, 3 vol.; 1678-79, in-8°, 3 vol.

Amsterdam, idem. Paris, 1681, in-4°, 3 vol. Version anglaise, London, 1678, in-folio.

568. Tectander. Iter Persicum; kurtze, doch aussführliche und warhaftige Beschreibung der persianischen Reise welche auf der Rœm. Kays. Maj. allergnædigsten Befehl im Jahre 1602 von dem Edlen und Gestrengen Herren Stephano Kakasch von Zal a Kœmeny vornehmen Siebenbürgischen von Adel, angefangne, und als derselbig unterwegen zu lantzen in Medienland Todtes verschieden von seinem Reissgefæhrten Georgio Tectandro von der Jabel vollends contenuiret und verrichtet worden. — Altenburg, 1609-1610, in-8°, orné de huit grav.

Comp. Hormayr's Archiv., 1819, n° 11-41.

Ternaux (n° 1000), indique aussi une édition antérieure moins complète et lui assigne pour date: Leipzig, 1608.

569. Tehran. — Dans l'Ausland, 1855, n°⁵ 18, 19 et 20.

Ce sont des fragments d'un voyage accompli en 1851 et 1852 en Asie-Mineure, dans le Kurdistan et en Perse.

570. Tercier. Mémoire sur l'origine de la dynastie des Sophis, en Perse, du nom de Kisilbach, ou tête rouge, que les Turcs donnent aux Persans, et de l'inimitié qui règne entre les deux nations.

Mémoires de l'ancienne Académie des Inscriptions, t. XXIV, p. 734.

571. Teulé. Pensées et notes extraites du Journal de mes voyages dans l'empire du sultan de Constantinople, dans les provinces russes, géorgiennes, les Tartares du Caucase et dans le royaume de Perse. — Paris, 1842, in-8°, 2 vol.

572. Teixeira. Relaciones de Pedro Texeira del origen, descendencia, succession de los reyes de Persia y de Harmuz y de un viage hecho por el mismo autore dende la India oriental e hasta Italia por tierra. — Amberes, 1810, in-8°.

Traduction française à Paris, 2 vol. in-12, 1681, par Ch. Cotolendi. L'auteur, après avoir visité la Perse et l'Inde qu'il a aussi décrites, mourut à Vérone.

573. Texier (Charles), de la Guiche, et Roger de la Bourdonnaie. Seconde expédition en Orient (la 1ʳᵉ traitait de l'Asie-Mineure).

Cette seconde expédition a eu pour objet l'exploration géographique et archéologique de l'Arménie et du Kourdistan ; elle se rattache à l'ambassade de M. de Sercey en Perse, qui eut pour coopérateurs deux jeunes officiers d'état-major, très-instruits.

Antérieurement à sa grande publication, M. Texier a donné différentes notes qui se rapportent à ses voyages. En voici l'indication :

574. — Exploration de l'Arménie, du Kourdistan et de la Suziane. — Bulletin de la Société de Géog., t. XIV, 2ᵉ série, 1840, p. 376.

575. — Renseignements archéologiques et géographiques sur quelques points de l'Asie-Mineure, de l'Arménie et de la Perse. — Ibid. t. XV, 1841, p. 26-38.

576. — Notice géographique sur le Kourdistan. — Ib. 1844, p. 282.

577. — Itinéraires en Arménie, en Kurdistan et en Perse. — Ibid. t. XX, 1843, p. 229-245.

578. THÉVENOT (J.). Suite du voyage du Levant dans laquelle, après plusieurs remarques très-singulières, il est traité de la Perse et autres estats subjets du roi de Perse, et aussi des antiquités de Tchehelminar et autres lieux vers l'ancienne Persépolis, particulièrement de la route exacte de ce grand voyage, tant par terre en Turquie et en Perse que par mer dans la Méditerranée, golfe Persique et mer des Indes — Paris, 1674, 4ᵘ ; 2ᵉ éd. 1689. — Amsterdam, 1705 et 1727-29.

Traduction anglaise. London, 1687, 4°.

579. THIEURY (Jules). La Perse et la Normandie, Évreux, 1866, in-4°.

Ce sont des Documents pour servir à l'histoire des relations entre la France et la Perse, suivis des traités de commerce entre ces deux pays.

580. THOLUCK. Sufismus sive theosophia Persarum pantheistica quam e manuscriptis bibliothecæ regiæ Berolinensis persicis arabicis turcicis eruit atque illustravit Frid. Aug. Deofidus Tholuc. — Berolini, 1821, 8°.

Voir Journal des Savants, 1821, p. 717, et 1822, p. 3, art. de Silvestre de Sacy.

Pour l'analyse, voir Annales des voyages, t. XV, 1822, p. 114.

581. THOMAS (Edwards). Early sassanian inscriptions, seals and coins, Illustrating the early history of the Sassanian dynasty containing proclamations of Ardeshir Babek, Sapor I and his successors. With a critical examination and explanation of the celebrated inscription in the Hajiabard Cave demonstrating that Sapor the conqueror of Valerian, was a profess in Christian. — London, 1869, in-8° grav.

Voir Muldener, Bibliotheca historica, I, p. 95.

582. Thomas (Alex). Négociations de l'Angleterre et de la Russie au sujet de la Perse et de l'Afganistan.

Dans la Revue des Deux-Mondes, 1845, 1er mars, p. 773.

583. Thomson. An account of the ascent of the mount Demavend, near Tehran, in sept. 1837, with notes by Ainsworth. — Dans Journal of the Geogr. Society, t. VIII, 1838, p. 109.

584. Thomson. La Perse, sa population, ses revenus, son armée, son commerce. Avec notes par N. de Khanikof. — Paris, 1838, in-8°. (26 p.)

Extrait du Bulletin de la Société de Géographie.

585. Todd. Itinerary from Tebriz to Tehran, viâ Ahar, Mishkın, Ardabil, Talish Gilau, and Kaswin, in 1837.

Dans Journal of the Geograph. Society, t. VIII, 1838, p. 29.

586. Tornau (von). Aus der neuesten Geschischte Persien. Die Jahre 1833-35.

Dans Zeitschrift der deut. morgenl. Gesellschaft, 1848, t. II, p, 401 ; t. III, p. 1.

587. Traité d'alliance conclu à Pétersbourg le 12 septembre 1723 (vieux style), entre l'empereur de Russie et le roi de Perse par son ambassadeur Ismaël-Begh.

(Gazette de Hollande du 24 décembre 1723.)

Trezel. Voir Jaubert.

588. Triesnecker. Uber die Ungewissheit einiger astron. Fixpunkte bei der Erwerbung einer Karte von Persien und der asiatischen Turkei.

Dans la Bœhmischen-Gesellschaft der Wissenschaften (c.) 1802-4, — selon Walther, systematisches Repertorium über die Schriften saemtlicher Gesellschaften Deutschlands, p. 544, n° 6648.

Troyer. Voir Bani.

589. Truilhier. Mémoire descriptif de la route de Téhéran à Meched et de Meched à Jezd reconnue en 1807. — Bulletin de la Société de Géographie, 2e série, t. IX, 1838, p. 109, 249, 213; t. X, p. 5.

Voir aussi à Daussy.

590. Turciæ imperatorum regumque Persiæ et aliorum heroum ac heroïnarum expressæ ad vivum icones, ex Golzii aliorumque numismatibus evulgatæ. — (S. l. n. d. vers 1655.)

Ternaux, n° 1837 et 3025.

L'édition de Iena, 1632, in-4°, porte un titre plus détaillé : Res turcicæ, hoc est descriptio vitæ rerumque gestarum imperatorum turcicorum, prin-

cipum Persarum aliorumque illustrium heroum heroïnarumque ex histo-
riis et annalibus Turcicis desumta, additis iconibus ære incisis, autore
J. J. B.

5)1. Türkische, grosse niederlage, Wahrhafte Beschreibung der
Zweien grossen scharmuzeln und schlachten so der gewaltig künig in
Persien, dem Mustapha Bassa turkischen obrist abgewonen. —
Nurnberg, 1579.

592. Türkische, Tartarische, Persianische, Grieschische, Vene-
tianische chronica — Francfurt an Mayn, — 1665, 4°.

Ternaux, n° 2005.

593. Ueber die Eroberungen des Schach Nadir in Persien. — Dans
Deutscher Merkur, an 1783, 3° trimestre, p. 113, — Selon l'Allge-
meines Sachregister über die wichtigsten Zeit-und wochenschriften
(Leipzig, 1790, 8°), p. 389.

La même table cite à la suite de cet article :

594. — Berichtigung dieser Stelle, von Winter, dans Hanoveris-
ches magasin, même année, p. 1639.

595. Ueber neueste Kunde von Persien. — Dans Allgemeine geographische Ephemeriden (Weimar), t. XXVIII, 1869, p, 276.

596. Ueber die Stadt Persepolis oder Istachar.

Dans Asiatic Magazin, I, 1802, p. 69.

597. Usages et cérémonies du mariage en Perse.

(Tiré du Journal russe le *Kavkas*) — Dans Erman's Archiv für wissenschaftliche Kunde von Russland, t. XII, p. 186-189.

598 Ussler (John). Journey from London to Persepolis, including
wanderings in Daghestan, Georgia, Kurdistan, Mesopotamia and Persia. — London, 1865, in-8°, grav. coloriées.

599. Utibi. *Kitabi Yamini*, historicals memoirs of the Amir Sabak-
tagin and the sultan Mamud of Ghazma, early conquerors of Hin-
dustan and funders of the Gaznavide dynasty, translated from the
persian version of the Arabic chronicle of Al-Utibi, by J. Reynolds
— London, 1658, 8°.

Uylenbrock (P. J.), Voir Haukal.

600. Victoire remportée par le roi de Perse contre l'usurpateur
de sa couronne, où il y a eu 50,000 hommes de tués, 4ⁿ (s. d. vers
1730), pièce.

601. Valle (Pietro della). Delle conditioni di Abas re di Persia.
Venetia, 1628, 4°.

Traduction française par J. Baudouin, Paris, 1631, in-12.

602. Vambéry (Herman). Meine Wanderungen und Erlebnisse in

Persien. Nach der ungarischen original Ausgabe. — Pesth, 1868, gr. in-8°, avec 8 gravures sur bois, dont deux coloriées.

Muldener, Biblioth. Geogr. I, p. 54.

603. — Familje Bibliothek. VIII : Resa i Persien of H. Vambery· Ofversatting Med 8 planscher. — Landskrona, 1869, 8°.

Muldener, Bibliotheca Geograph. Statistica, t. II, p. 179.

604. VINCENT. Observations on the Geography of Susiana. — Dans classical journal (London), t. IX, 1844, p. 449.

605. VECCHI. Giornale di caravana descritto da F. di Vecchi, o viaggio nell' Armenia, Persia ed Arabia, fatto negli anni 1841-42, di Felice di Vecchi e G. Osculati. — Milano, 1847-8, gr. in-8°, avec fig. sur bois dans le texte.

606. VIVIEN ST-MARTIN (Son travail sur la Perse devait former le t. VIII de sa grande collection Géographique, interrompue en 1848).

607. — L'Iran et ses populations aborigènes. — Revue Germanique, oct. 1861, p. 607-21.

608. VON den grossen schalchten geschehen dem Turcken von dem grossen Sophi, in Calimania anno MDXIV an dem XVII tag. Juny. (S. l.) in-4°.

Il y a une édition de Nuremberg et une autre d'Augsbourg, toutes deux sans date.

609. VON den newen Propheten in Persia Sophey genanet, und von seyner Geburt auch von seynen klugen und mechtigen Gewalt (s. l. n. d.), in-4°.

L'an 1512 est donné comme présumable par Ternaux sous ce titre.

610. VOYAGE d'un missionnaire de la Compagnie de Jésus en Turquie, en Perse, en Arménie, en Arabie et en Barbarie. — Paris, 1730, in-12.

Attribué par Barbier au père Villotte.

611. VOYAGE ou relation de la Perse avec une dissertation sur les mœurs, religion et gouvernement de cet État. — Paris, in-12, 1668.

Ternaux, n° 2066, et Boucher, t. IV, p. 449.

612. VOYAGES dans l'Inde, en Perse, etc., avec la description de l'île de Poulo-Pinang, par différents officiers de la Compagnie des Indes, traduits de l'anglais (par Langlès). — Paris, 1801, in-8°.

613. VULLERS. Vitæ poetarum Persicorum ex Dauletschachi historia poetarum excerptæ, ad fidem codd. mss. persice edidit, latine vertit, annotationibus instruxit Joannes Augustus Vullers. Fasc. I; Hafizi Schirazensis vitam tenens, Gissæ, 1839, 8°.

(Zenker, t. I, p. 111, n° 917.)

614 — Fragmente über die religion des Zoroaster aus dem persis-

chen übersetzt und mit einem ausführlichen commentar versehen, nebst dem Leben des Firdusi aus Dauletscha's Biographien der Dichter. — Bonn, 1831, 8°.

V. Journal des Savants, 1832, p. 3 et 82, article de Silvestre de Sacy.

Pour sa chrestomathie, voir au chapitre II.

615. WAGNER (Moritz). Reise nach Persien und dem Lande der Kurden. Leipzig, 1852, 8°, 2 vol.

Traduction anglaise en 3 vol. — London, 1856, in-8°.

Traduction danoise : Œrebro, 1854, 8°, 2 vol.

616. WAHL (Samuel F. Gunther). Altes und neues Vorder und Mittel-Asien, oder pragmatische Geographie, physische und statistische Schilderung und Geschichte des Persischen Reichs, von den aeltesten Zeiten bis auf diesen Tag. Leipzig, 1795, gr. 8°, grav. et carte.

(Engelmann, bibliotheca, I, p. 143.)

On trouve aussi séparément :

617. — Geschichte und Beschreibung von Persien, 1er theil. Leipzig, 1791, gr. 8°.

Pour sa traduction de Firdousi, voir ce nom.

618. WALLENBURG. Notice sur le Chah Nameh de Firdoucy et traduction de plusieurs pièces relatives à ce poëme. Ouvrage posthume de M. le conseiller J.-R. von W., précédé de la biographie de ce savant, par A. de Bianchi. Vienne, 1810, in-12.

619. WANDERUNGEN der beiden amerikanischen Missionaere Smith und Dwight unter den armenischen und chaldaïschen Christen-Gemeinden in Armenien und Persien in den Jahren 1730-31. — Dans Magazin für die neueste Geschichte der protestantischen Missionen und Bibelgesellschaften. (Basel), t. XX, 1855, p. 515.

620. WARHAFTE Anzeig Komend von Constantinopel, von dem merkligen Schaden und niederlag die der Turkisch Kayser vom Sophy, dem grossen Cünig in Persia im jenner diss Jahrs, an Leuten, camelen und seinen Schatz gelitten hat. — (S. l.) In-4°, 1535.

621. WAHRHAFTE Beschreibung, welcher Maassen der Persianer und Georgianer Heer das türkische kriegsheer als sie ueber den Fluss Euphratum gewollt, zerstreunet und geschlagen (s. l.), in-4°, 1583.

622. WAHRHAFTIGE Beschreibung wie der Sophi ausz Perzia den Turcken erlegt, die stadt Babilonia eingenommen : auch was Glauben sitten und kriegs rüstung er ein Brauch habe : item wie der Turck nach dem der Barbarossa vertrieben alle seine Macht wider die Christen zu setzen willens ist, auch auss was Ursach er seinen furnembsten Hauptman Abraïm Bassa erstochen hat. S. l. In-4°, 1536.

623. WARING (Scott.). A tour to Sheeraz by the route of Kazroon

and Feerozabad; with various remarks on the manners, customs, laws, language and literature of the Persians, to which is added a history of Persia, from the death of kureen khan to the subversion of the Zund-dynasty. — London, 1807, 4°.

Trad. all. : Rudolstad, 1808, 2 v. 8°.

623 *a*. Warren (Ed. de). Découvertes archéologiques en Perse.

Dans la Revue des Deux-Mondes du 15 mars 1847.

624. Wartabit (Arakiel). Historia orientalis a temporibus Shah-Abbas regis Persarum ad annum circiter 1660 (en arménien). — Amstelodami, 1669, 8°.

Ternaux, n° 2123.

625. Was grossen Abbruch Ismaël Sophi, der Perses koning, dem Turken gethan hat by Tiflis, den 1 januar, 1583. — Nurnberg, 1583.

626. Wassaf. تاريخ وصاف The history of Wassaf, with vocabulary of difficult words. Bombay, 1269 (1853), fol. lithogr.

627. Wassaf's Geschichte, Persisch herausgegeben und deutsch übersetzt von Hammer-Purgstall. — Wien, 1851-56, 2 vol. in-4°.

Comp. le même nom au chap. ii.

628. Watson (R. G.). A history of Persia from beginning of the nineteenth century to the year 1858. — London, 1866, 8°.

629. Weiss (Victor). Edel von Starkenfels. Sal und Rudabeh, episch lyrisches Gedicht frei nach dem persischen des Abulkasim Mansur el-Firdewsi. Wien, 1840, 8°.

630. — Kej Kawus in Masenderan. Aus dem Schahname des Abulkasim Manssur el-Firdewsi. Metrisch übersetzt von Victor Weiss, edlem von Starkenfels, und Theodor Ritter von Schwarzhuber. Wien, 1841, 8°.

631. Weston (Stephen). Persian and English ambassadors with 15 new persian tales and a portrait of sir Robert Shirley. London, 1812, 4°.

632. — Persian recreations, or oriental stories with explanatory notes on the original text, to which is prefixed some account of two ambassadors to James I and Georges III. London, 1812, in-12°.

Zenker, I, p. 48, n° 389.

633. — The englishman abroad. Part I : Greece, Arabia, Persia, etc. London, 1824, 8°.

634. — Pour les « Épisodes from the Shah-Nameh or annals of the persian kings, » London, 1815, 8°, voir ci-dessus Firdousi.

635. Whitelock : Descriptive sketch of the islands and coasts of

the entrance of persian gulf. — Dans Journal of the Georgr. Society, VIII, 1838, p. 170.

636. WILKEN. Geschichte der Sultane aus dem Geschlechte Bujeh, nach Mirchond. — Dans Abhandlungen der K. Academie der Wissenchaften zu Berlin, histor. und philol. Sectio, 1835, 4°; et tirage à part, ibid.

Voir Journal des Savants, 1837, p. 719. — Comp. Mirkhond.

637. WILLOCK (H.). Notice of the circumstances attending the assassination of prof. Schultz while visiting Kurdistan, 1829. — Dans Journal of the R. Asiatic Society, I, 1834, p. 134.

638. WOLFE (John). The history of the wares between the Turks and the Persians, etc. — London, 1595, 4°.

639. WORM's (Joh. Gotth.). Zehnjaehrige ostindianische und persianische Reisen, ans Licht gestellt durch Christ. Weisen. Dresden, und Leipzick, 1737, 8°, carte.

Voir Stuck, p. 318, n° 1539.

640. WOSKOBOINIKOV. Eine reise durch das noerdliche Persien, nach dem Russischen in's deutsche. — Dans les Archiv für Wissenschaftliche kunde von Russland d'Erman, t. V, 4° cahier, 1847, p. 674-708.

Le même recueil (3° cahier, 4° vol., 1845, p. 395) avait déjà donné, d'après cette relation, un article sur les formations carbonifères de la Perse.

YAQOUT. Voir à Barbier de Meynard.

641. a. ZEEBELT. Voyage van Jost van Ghistale in den Land van Assyrien, Egypten, Ethiopien, Barbarien, Indien, Persien. — Ghendt, 1572, 4°.

642. ZENI. Dei commentarii del viaggio in Persia, etc., libri due, di fratelli Zeni. — Venezia, 1558, in-8°.

643. ZIAA al-din Barni. تاریخ فروز شاه, edited by Saygid Ahmad khan and Dr W. N. Lees. — Calcutta, 1862, 8°.

(Bibliotheca indica, n° 56.)

644. ZÜGE aus dem Leben des Nadir Schah. — Dans Hormayr, Archiv für Geographie, etc., 1815, n° 78.

ZULFAQAR. Voir Abdur Raschid.

645. ZUMPT. Geographische nachrichten bei den alten Schriftsellern von Medien, Persien und Susiana, verglichen mit den Entdeckungen der neuern Reisenden.

Dans Zeitschrift für Kriegskunde, 1852, t. IV, p. 42.

Voir Zenker, t. II, p. 19, n° 241.

IMPRIMÉS. — CH. II

II. BELLES-LETTRES. — LANGUE. — POÉSIE.

N. B. On n'a pas admis ici les traductions persanes d'ouvrages étrangers, sauf celles dont les originaux sont perdus.

646. ABBAS KULI. قانون زبان فارسی با استنقاق واعلال كلمات عربية تاليف

عبّاس قلی بن ميرزا محمّد خان بادكوی در دار الطباغ تـفـلـيـس

سنة ١٢٤٧

Краткая Грамматика персидскаго языка, сочиненная и переведенная съ персидскаго Маіорамъ Аббасъ Кули Ага Баки Хановымъ = (sic) قانون قدسی

بامر همايون بادشاهی مطبوع كرديد در ١٢ شهر رمضان المبارك سنة ١٢٤٧

در بلده تفليس (1831)

647. ABD AL-HAQQ, maulave ضوابط فارسی , Or a persian grammar, in Oordo. Prepared under the superintendance of the publisher. For the use of the junior classes of the anglo-persian Departement, 4 th ed. (Lees persian series I.) Calcutta, 1869, 8° (71 p.)

648. ABD AL-MOUMEN, AL-MOGHREBI, AL-ISFAHANI, surnommé Sha-qruh, اطباق الذهب (œuvre rhétorico-parénétique). Boulaq, 1280 (= 1863), petit 8° (96 p.).

Tout en prose rimée, à la manière de Zamakschari. Voir catalogue n° 7 de F. A. Perthes à Gotha, p. 5, n° 21 (14).

649. ABDUL HUSSEIN CHAN. Denkschrift vom persischen gesandten der k. k. Orientalischen Akademie hinterlassen, übersetzt von Jos. V. Hammer.

Dans Fundgruben des Orients (1818), t. VI, p. 219-20.

650. — Anreden und Antworten des persischen Botschafters Mirza Abdul Hussein Chan, bey den Audienzen S. D. des Hrn Fürsten von Metternich, und ihrer MM. des Kaisers u. der Kaiserinn, von H. Jos. von Hammer. Ibid. p. 213-15.

Voir aussi à Hammer.

651. ABOULFADHL, رقعات ابو الفضل (lettres). — Calcutta, 1238 (1822), 8°.

(V. Zenker, t. II, p. 75, n° 307.)

652. — Collected epistles of this celebrated stylist, with marginal notes. Lucknow, a. H. 1280 (= 1863), fol.

653. انشا. الفضل Calcutta, 1810, 4°, et Lucknow, 1262 (1846), lithogr.

Ibid., n°⁸ 307-8.

654. AKBAR NAMEH, Lucknow, 1283 (1866), 3 vol. fol.

Comp. ci-dessus, ch. I, n°⁸ 7 à 9. Le 3ᵉ vol., connu sous le nom d'*Ayin Akbari*, n'est que l'appendice du reste.

655. ABOO-TALEB KHAN. Verses written on lady Elgin's Beauty, translated by Mr Hammer.

Dans Fundgruben des Orients (Vienne, 1810), t. I, p. 40.

656. — Ode to Miss I. Rukets.

Ibid., t. II (Wien, 1813), p. 420.

657. ABUL-MAANIS (des Vaters der Bedeutungen). Juwelen-schnüre, das ist Bruchstücke eines bekannten persischen Dichters, Gesammelt und übersetzt von Joseph von Hammer. — Vienne, 1822, 8°.

658. AGNELLI (Tim.). Proverbii utili e virtuosi in lingua araba, persiana e turca, gran parte in versi, con la lora espiegatione in lingua latina et italiana. — Padova, 1688, 8°.

(Zenker, I, p. 52, n° 424.)

AHMED EMIN. V. Boorhani.

659. AKHTAR. محامد حيدريه Panégyrique de Gazi eddin Heidar, en persan. Lucknow, 1238 (1822), 8°.

Zenker, II, p. 110, n° 1372. Comp. Sprenger, p. 599, n° 591.

660. — گلدسته محبت An account in persian prose and verse of the meeting of Lord Hastings and Ghaziy aldyn Haydar. Lucknow, 1239 (1824), 8°.

Voir Sprenger, préface, p. V.

661. ALEMGUIR. رقعات عالبكير (lettres de l'empereur). — Calcutta, Lucknow, s. d., 8°.

Ib., II, p. 25, 309-10.

662. الف كشرت (affixes et suffixes en persan). Lucknow, lithog. (16 p.), s. d.

Ibid., II, p. 17, n° 219.

663. ALI. Apophtegms of Alee the son of Aboo-Talib, son in law of

6

the Moslim lawjier Mahummid... with an early persee paraphrase and an english translation by Will. Yule major etc. — Edinburg, 1832, in-4°.

664. — Sententiæ Ali Ben Taleb, arabice et persice e codice manuscripto Vimariensi primus edidit atque in usum scholarum annotationibus maximam partem grammaticis nec non glossariis instruxit Joan. Gust. Stickel. — Iena, 1832, 4°.

665. ALI's hundert Sprüche, arabisch und persich paraphrasirt, von Reschiddin Watwat, nebst einem doppelten Anhange arabischer Sprüche, herausgegeben, übersetzt und mit Anmerkungen begleitet von M. H. Leberecht Fleischer. — Leipzig, 1837, 4°.

Voir journal des Savants, 1838, p. 76, article de Silvestre de Sacy.

666. ALI, منتخب اللغات A persian Dictionary by Maulawi Mohammud Ali. Calcutta, 1804, 1836, in-4°.

Les éditions de Lucknow, 1845, et Bombay, 1279 (1862), en 2 vol. Sont anonymes :

ALI AHMAD, voir Nizam.

ALI BEDR, voir Nizam.

ALI HOSEIN, voir Nizam.

667. ALLAH HOSSAINI رقعات الله حسينى (modèles de style). Lucknow et Calcutta, s. d. lithogr. (32 p.)

Ib., II, p. 25.

668. Alphabetum persicum duplex, unum litteris latinis, alterum vero arabicis, charactere tamen persico. — Romæ, typis congreg. de propag. fide, 1633, in-fol. (1 feuille).

669. Alphabetum persicum, latine et persice, una cum oratione dominicali et salutatione Angelicâ, linguâ arabicâ, charactere tamen persico, in-8°. — Romæ, 1673 (24 p.)

AMTHOR. Voir au mot Horti.

669 a. Ampère (J. J.). L'épopée persane. Antiquités de la Perse. Dans la Revue des Deux-Mondes. 1er décembre 1836, 15 août et 1er septembre 1839.

670. عالمگير نامه (l'orthographe en persan), s. d. (27 p.)

Ibid., n° 211.

671. ANDREW. A comprehensive synopsis of the Elements of Persian Grammar with some remarks on the arabic, by William Andrew. A M. London, 1830, un vol. 4°.

Zenker, t. I, p. 36, n° 289.

672. ANGELUS de St-Joseph (Labrosse). Gazophylacium linguæ Persarum triplici linguarum clavi, italicæ, latinæ, gallicæ, nec non

specialibus præceptis ejusdem linguæ reseratum. — Amstelodami,
1684, fol.

Ib., p. 13, n° 72.

ANGIRANI. Voir Djelal-Eddin.

673. انشای Lettres ou Art épistolaire. — Pour les nombreuses
éditions anonymes, Calcutta et Lucknow, voir Zenker, II, p. 25 à 26

674. ANTHOLOGIA persica seu selecta diversis persis auctoribus
exempla in latinum translata ac Mariæ Theresiæ Augustæ honori-
bus dicata, à Cæs. Reg. linguarum orientalium academia. — Viennæ,
1778, 8°.

Ib., I, n° 383.

ARNOT. Voir Forbes.

675. ANWERI ou ANVARI. Poetry. Dans Asiatic Miscellany, n° 1. —
1786, traduit en anglais par Kirkpatrick.

675 a. ANVARI SUHAILI, the lights of Canopus, edit. Ouseley, Hertford, 1851, 4°, translated for the first time into english prose and
verses, with an elaborate preface and copious notes by E. B. Eastwick.
London, 1854, gr. 8. With Vocabulary by Michael, 1827, 4°. Comp.
ci-après Bidpaï.

Id. trad. all. par Helmina de Chézy, ʿavec texte persan, dans Fundgruben des Orients (Wien, 1810), t. I, p. 85, 97.

ATTAR. Voir Farid.

676. Asii كافنامه Poésies (rimes par la lettre Kaf). — Lucknow,
lith.

ASTARABAD. Voir Wis.

677. ATA ALLAH. Grammaire persane par questions et réponses.
Calcutta, 1244 (= 1828). (70 p.).

Ib., I, n° 238.

678. ATAÏ, عطائی نامه (Ghazèles terminées en L.) — Lucknow,
1263 (1846), lith. 4° (12 p.).

Ib., t. II, p. 41.

678 a. ATKINSON. Customs of the women of Persia and their
domestic superstitions, translated from the original persian ms. —
London, 1832, 8°.

Publié par le Oriental translations fund.

Pour sa traduction de Nizâmi, voir à ce nom.

679. بدایع منشوی (Passages élégants en vers, avec double commentaire marginal). Lucknow, 1847, 8° (56 p.).

680. BADNALL (Richard). Zelinda, a persian tale, in three cantos. —
London, 8°, 1830.

681. Baha Eddin Amuili. مثنوى نان وحان Constantinople, 1268 (1851), 8°.

Ibid., II, p. 43, n° 575.

682. Bahurdar Turkoman. محبوب القلوب (the beloved of the hearts), by Mirza Bahurdar Turkoman or Muntaz Farihi. On the manners and customs of different countries. — Bombay, 1268 (1851), 4°, lithogr. taalik.

Catal. Trubner, 1869, p. 63.

683. Ballantyne (J.). Cateshism of Persian Grammar. — London, 1843, in-4°.

Zenker, t. I, p. 31, n° 292.

684. — Principles of persian calligraphie, ilustrated by lithographic plates of the nasth-talic caracter. — London, 1839, 4°.

685. Bamun Ali. حیدری ·حمله (poëme épique). — Bombay, 1264 (1847), in-fol. et 1267 (1850).

Ibid., II, p. 41, n° 537-38.

685 a. Darb (H. A.) Persische Chrestomathie. Wien, 1864, gr. 8°. — Ueber die Conjugation des persischen Verbums. Ib., 1861. — Ueber den Organismus des persischen Verbums. Ib., 1860.

686. Barbier de Meynard (M. C.). Tableau littéraire du Khorassan et de la Transoxiane, etc. Traduit de l'arabe.

Au Journal Asiatique, 1853, t. I, p. 169; 1854, t. II, p. 291.

687. Barretto. كناب شمس اللغات or a dictionnary of the persian and arabic languages, the interpretation being in persian, compiled by learned natives, under the inspection of S. Baretto. Calcutta, 1806, 2 vol. 4°; 2° ed. ib. 1823; 3° ed. Bombay, 1277 (1860).

Zenker, après l'avoir indiqué une fois comme livre arabe (t. I, p. 6, n° 26), le cite à part une 2° fois sous la rubrique persane (p. 13, n° 79), plus brièvement et avec l'an 1804.

688. Bedr Schah. قصائد بدرشاه (Kasides, avec vocabulaire). — Lucknow, 1268 (1851), lithog.

689. Belfour. انشاء هركرن (The forms of Herkern), corrected from a variety of manuscripts, supplied with the distinguishing marks of construction, and translated into English ; with an Index of Arabic words, explained and arranged under their propre roots by Francis Belfour. — Calcutta, 1831, 4°.

Ibid., I, n° 345. — On cite une édition de 1781, 4°.

690. Berezine. Recherches sur les dialectes persans. Casan, 1853, 8°.

Ibid., t. I, p. 20, n° 850.

691. Bergé (Ad.). Dictionnaire persan-français, avec table alphabétique pour servir de dictionnaire français-persan et un tableau comparatif des années de l'ère mahométane et de l'ère chrétienne. — Leipzig, 1869, 8°.

Voir catal. Maisonneuve, 1873.

692. Besant. Persian and urdu letter writer, with an english translation and vocabulary. — Calcutta, 1843, 8°, 2ᵉ éd., 1845, 8°.

Ibid., t. II, p. 26, n° 347.

Bilderdijk, trad. de Sadi. Voir à ce nom.

Bland, éditeur de Nizami. Voir à ce nom.

693. Bidpaï. Fables, version persane par Hosain Vaez Caschefi. — Calcutta, 1824, 4°, traduite en français par Galland et Cardonne. — Paris, 1778, 3 vol. 8°.

Comp. Notices et extraits des mss., t. X, p. 94 et p. 427 et s.

694. Bleeck (A. H.). Concise grammar of the persian language and a vocabulary, with a new plan for facilitating the study of languages. — London, 1857, 8°.

695. Blochmann. مروض سیفی ورساله قافیه هلا جامی The persian metres by Saifi and a treatise on persian rhyme by Jami. Edited in persian by H. Blochmann. — Calcutta, 1867, 8° (62 p.).

696. — Resale traneh. A treatise on the rubai, by Aga Ahmad Ali. With an introduction and explanatory notes. — Calcutta, 1867, 8.

697. Bohlen (P. A.). Symbolæ ad interpretationem S. Codicis ex lingua persica. Lipsiæ, 1823, gr. 8°.

698. (Boldirew Al.). Персидская Христоматія Moscou, 1826, 2 vol. 8°, 2ᵉ éd.

Ibid., 1834, 3 vol. 8°.

699. Boorhani-Qatiu, a Dictionary of the persian language explained in persian ; alphabetically arranged according the system of european lexicons : Comprising the whole of the words, phrases and metaphors, in the *Furhungee Juhangeree,* the *Musmu ool-Foors of surooe the soormue sooluemanne,* and the *Suhah ool Udwiya,* together with many words and the Phulvee, Duree, Zhend or Phazhend, Greek, Syriac, Arabic, Turkish and other languagues, with a short grammar prefixed by Moohummud Hoosueen ibni Khulaf oot Tubruzee, poeticaly styled *Boorhan,* to which is added an appendix consisting of the *Moohuquat* of the *Boohani Qatiu* the Khatimu or appendix to the Furhungee Juhanguree, together with a collection of words, phrases, metaphors and proper names, extracted from the *Buhari Ujum* and various other authorities. The whole ar-

ranged, carefully corrected, revised and the Text occasionally illustrated with persian notes by Thomas Rœbuck, captain in the Madras
native Infantry, Examiner in the Hindoostani etc. — Scutari, 1801.
Calcutta, 1818, un vol. de 1090 pages in-fol.

Ibid., p. 12, n° 67. — Comp. ci-après n° 715.

700. Brassey Halhed (N.). Gentoo laws, or ordination of the
Pundits, translated from the persian. — London, 1776, 4°.

Zenker, t, II, p. 110, n° 1377.

701. Bukh imam رساله دو نحو (Grammaire persane.) — Lahore,
(s. d.), 16 pages.

(Zenker, t. II, p. 18, n° 221). — C'est peut-être le même qui a recueilli
et publié :

702. رساله علم النحو Calcutta, 1836-39, 8°.

(Collection de 5 gramm. persanes en un seul vol.)

Bulliald. Voir Georgius.

703. Burtoni (G.), λείψανα veteris linguæ persicæ. — Lubecæ,
1720, in-8°.

Bursevi. Voir Djami.

704. Castelli (Edm.) et Golii (J.), Lexicon persico-latinum.
Dans son Lexicon heptaglotton (London, 1669, in-fol.), t. II.

705. Çamrat al-bedaïa' (Art épistolaire et modèle de lettres). —
Lucknow, 1846, 8° lithogr.

Ibid., t. II, p. 25, n° 303.

706. Cazi (Hazan). Sittensprüche und Maximen eines persischen
weisen, aus dem Persischen übersetzt. — Wien, 1799, 8°.

(Zenker, t. I, p. 52, n° 422.)

707. Chabert (Tommaso). Traduzione (in rime italiane) di al-
cune odi ed epigrammi persiani del Molla Giami.

Dans Frundgruben des Orients (Vienne, 1810), t. I, p. 17-19 et p. 128.
Chézy. Voir Djami.

708. Chezy (Helmina), née de Klenke. Blüthen aus dem Persischen.
Dans Fundgruben des Orients (Vienne, 1813), t. III, p. 19, 83, 98.
Voir aussi à Anweri.

709. Chodzko. Grammaire persane ou principes de l'iranien moderne, accompagnés de fac-simile, pour servir de modèle d'écriture et
de style pour la correspondance diplomatique et familière; par M. Al.
Chodzko. — Paris, 1852, 1 vol. gr. in-8°.

Voir au Journal des Savants, article de Quatremère, 1852, p. 696, 2° et
3e article, 1853, p. 370 et 631.

710. — Djungui Chehadet, le cantique des Martyrs, ou recueil des drames religieux que les Persans du rite Cheia font annuellement représenter dans le mois de Moharrem, publié pour la première fois. — Paris, 1852, in-8°.

Pour son théâtre, voir ci-dessus à ce nom.

711. — Popular poetry of Persia, as found in the adventures and improvisations of Kurroglou, the bandit-minstrel of northern Persia ; and in the songs of the people inhabiting the shores of the Caspian sea. Orally collected and translated. Printed for the Oriental Translation fund of the Asiatic society. — London, 1842, in-8.

712. — Études philologiques sur la langue kurde (dialecte soléimanié) ; grammaire et prononciation. — Paris, 1857, 8°.

713. — L'amour d'une fée, roman traduit du persan.

Variété insérée au Moniteur universel, 1863-64.

714. — *Deçâtir*, ou Extraits des livres sacrés des Mahabadiens, Paris, 1852, 4°.

715. Chuouri. برهان قطع (Dictionnaire de la langue persane en turc, composé par Chuouri qui a ajouté en tête un petit traité des règles de la langue persane et un recueil par ordre alphabétique des façons de parler allégoriques, proverbiales et métaphoriques.) — Constantinople, 1155 (1742), 2 vol. fol. — Voir aussi n° 699.

716. Ciadyrgi (A.). Dizionario turco, arabo o persico, vidotto sul lessico di Meninski. — Milano, 1832, 8°.

717. Classic selections from some of the most esteemed persian writers containing ukhlaq-i-Muhsunee, lyle-o-Mujnoon, Bohari Dauniseh, Yoosuff o Zukeika, Inshae Abool Fuzl etc. — Vol. I. Calcutta, 1828, 4°.

(Zenker, t. I, p. 49, n° 393.)

718. Concise grammar of the persian language, containing dialogues, reading lessons, and a vocabulary ; together with a new plan for facilitating the study of languages. — London, 1857, 8°.

Ibid., II, p. 20, n° 253.

Dabistan. Voir Fani.

719. Coryate (Thomas). A letter to his mother Gertrude, dated from Agra, in East India, containing the speech that he spoke to the great Mogul in the persian language, etc. — London, 1618, 4°.

720. دافع الاغلاط Lucknow, lithogr. (49 p.) s. d. (Sur les fautes de style et de grammaire que l'on fait ordinairement en écrivant du persan).

(Zenker, II, p. 18, n° 220.)

721. Dalberg (J. von), chanoine. Simrog der persische Phoenix ; eine Mythe.

. Dans Fundgruben des Orients (Mines d'Orient, Vienne, 1810), t. I, p. 199, 208.

Voir aussi à Fani.

Danischjouni. Voir Hammer.

722. دستورالانشا (Modèles de lettres). — Calcutta, 1821, 4° et Bombay, 1283 (1866), 8°.

723. دستور المكتوبات (Modèles de lettres).—Lucknow, s. d. lithogr. (22 p.).

V. Zenker, t. II, p. 27, n°s 349-5o.

724. Defrémery (J.). Notice de l'ouvrage de Falconer « Extracts from persian poets. » Paris, 1843, in-8°.

Pour sa traduction de Hatif, voir ce nom.

725. — Gulistan ou le parterre des roses de Sadi, traduit sur les meilleurs textes imprimés et mss., accompagné de notes historiques, géographiques et littéraires. — Paris, 1858, in-12.

726. Dictionnaire persan interprété en arménien. Constantinople, 1826, in-fol.

727. Dieu (L. de). Rudimenta linguæ persicæ; accedunt duo priora capita Geneseos ex persica translatione Jacobi Tawusi. — Lugd. Batav. 1630, in-4°·

Il forme le tome II de Xavier, Historia Christi. Selon Ravius (panegyricon linguarum Orient, p. 12), le véritable auteur est Elichmann. Cf. Ebert, 6125.

728. Djami. Le Soubhart el-Abrar, poëme ascétique. — Le Rikaats, recueil de petites pièces en vers, mêlées de prose, en persan. Calcutta, 1811, petit in-fol.

729. — Medjnoon et Leila, poëme traduit du persan de Djami par A. L. Chézy. — Paris, 1805, 2 vol. 8°.

Idem. Traduction française, avec introduction, notes et trois appendices par Ant. Theod. Hartmann. — Leipzig, 1807, 2 vol. 8°.

Idem. Traduction allemande par le même. — Amsterdam, 1809, 2 vol. 8°.

730. — Liebe, Wein und mancherlei Persische Lieder nach Dschamis Text, zum ersten mal deutsch gegeben von Moritz Wickerhauser. — Leipzig, 1807, 2 vol. 8°.

731. يوسف وزليخا (صحبة نامه جامي) — Calcutta, 1809, 4°, et 1821, 1829 et 1848.

732. كلّيات جامى — Calcutta, 1711, 4°.

733. — Drei Allegorische Gedichte Molla Dschamis aus dem persischen von Vicenz Edlen von Rosenzweig. — Vienne, 1840, 4°.

734. — Biographische notizen über Mewlana Abdurahman Dschami, nebst übersetzungsproben von Vincenz Edlen von Rosenzueig.
— Wien, 1840, in-4°.

735. — Resemblance linear and verbal, a philological poem in the
persian language, by Jami, the english translation by Francis Gladwin. Publié dans le *Persian Moonshee* du même.

2ᵉ éd. publiée à part. — London, 1811, in-12.

Voir notice sur cet auteur et ses œuvres, Journal Asiatique, série D.
XIV, 1849, juillet, p. 43.

Comp. Brunet, à ce nom, et Zenker, t. I, p. 65, t. II, p. 38.

736. — Joseph und Suleicha, historich romantisches Gedicht aus
dem Persischen des Mewlana Abdurrahman Dschami, übersetzt und
durch Anmerkungen erlaeutert von Vincenz Edlen, von Rosenzweig.
— Wien, 1824, in-fol.

Le même ouvrage, en allemand seulement et avec des notes. —
Vienne, 1824, un vol. in-8°.

Au Journal des Savants, 2 articles de Silvestre de Sacy, 1826, p.
355 et p. 394, rendent compte de ce poëme persan qui retrace l'épopée
biblique des aventures de Joseph (voir l'analyse par feu Munk dans le
Temps du 2 et du 10 juillet 1835.)

Cette traduction avait paru aussi, de 1810 à 1818, dans les Fundgruben
des Orients, t. II, p. 47, 313, 392; t. III, p. 295; t. IV, p. 173 et t. V,
p. 327-30.

737. — Der Frühlingsgarten. Aus dem persischen von Mewlana
Abdarrahman Dschami, übertragen von Ottokar Maria freiherr von
Schlechtawussehrd (text und Uebersetzung.) — Wien, Braumuller,
1846, 8°.

738. — Tohfat-ul-Abrar, the gift of the nobles, being one of the seven
poems or *Haft-Aurang* of Mullna Jami, now first edited from the collection of 8 mss. with various reading by Forbes Falconer. — London, 1848, 4°, avec le texte persan.

739. — Le Beharistan, avec le commentaire de Khodja Chakir
Effendi (en persan). — Constantinople, 1252 (= 1836), 4°.

740. — Blüthenkranz aus Dchamis 2tem Diwan bei der 18ten
Generalversammlung der D. M. G. den hochverehrten deutschen
Gaesten zur Begrüssung in der Kaiserstadt dargebracht von Moritz
Wikerhauser. Wien, 25 sept. 1858. 8° (43 p.).

Pour l'essai de version italienne par Chabert, voir à ce nom.

741. ترجمهء تفحات الانس (Traduction turque du Nafahat-ul-Uns de Djami, par Mahmoud ben Osman Bursevi, connu sous le nom de Lami). — Constantinople, 1854, 4°.

Voir Hadji Khalfa, n° 13922.

742. شرح زليخا (Commentaire sur le poëme de Zuleiha). — Calcutta, 1848.

743. سلامان وابسال an allegorical romance, being one of the seven poems entitled *Haft Aurang*, of Mulla Jami; now first edited by Forbes Falconer (Printed for the Oriental translation fund). 1850, 4°. — Ibid., London, 1856, in-8°.

744. تراجمهء شرح دوبية ملاجامى لخواجه نشاب — Constantinople, 1263 (1856), in-8°.

C'est la traduction turque du Commentaire sur les distiques du Molla Djami, par Khodja Nichet.

745. رقعات جامى (modèles de lettres par Djami). — Calcutta, 1811, 4°.

Ibid., t. II, p. 25.

746. — Grammaire persane. جامع القوانين . — Calcutta, 1839, 8°.
Ib., II, p. 18.

747. DJAUHAR. جوهر التركيب Calcutta, 1236 (1820) 8°. (Grammaire persane en vers, avec commentaire étendu).

(Zenker, t. II, p. 18, n° 217.)

748. جواهر الحروف Cawnpore, 1267 (1847) lithogr. (Sur la valeur et la permutation des lettres).

Zenker, t. II, p. 18, n° 217.

749. DJELAL EDDIN. Auswahl aus den Diwanen des groessten mystischen Dichters Persiens Mewlana Djelaleddin Rumi, aus dem persischen, mit beigefügten original-texte und Erlaüternden Anmerkungen von Vicenz von Rosenzweig. — Wien, 1838, 4°.

750. مثنوى Boulak, 1251 (1835), 3 vol. fol. Bombay 1262 (1847), 6 vol. 4°. Tébriz, 1264 (1849); Constantinople, 1268 (1852), 2 vol. 8°.

Ouvrage de morale et d'ascétisme, composé en vers appelés Mesnewi.

(Zenker, t. I, p. 70, n°s 586-7 et t. II, p. 42, n°s 565-67.)

752. DJELAL EDDIN RŪMI. مثنوى texte persan avec un commentaire

turc développé par Ismaïl Angirawi. 6 parties en 3 vol. in-fol. Bou-
lacq, 1251 (= 1836).

753. — Probe einer Ubersetzung des Mesnewi Dchelaleddins
Rumi, von H.-V. Hussard.

Dans Fundgruben des Orients, t. II, 162; t. III, p. 339; t. IV,
p. 89-92; t. V, p. 99-101; t. VI, p. 189-213.

754. — Mesnewi oder doppelverse des scheikh Mewlana Dschelal
eddin Rumi, aus dem persischen übertragen von Georg Rosen. —
Leipzig, 1849, 8°.

755. — Bericht über den zu Kairo im Jahre d. H. 1251 (1835)
in 6 foliobanden ershienenen türkischen commentar des Menewi
Dschelal Eddin Rumis, von Freiherrn Hammer Purgstall. — Aus
dem October, November ù December Hefte des Jahrganges 1851
der Sitzungsberichte der philos. historischen Classe der Kaiserl. Akademie der Wissemschaften besonders abgedruckt, 8°.

(Zenker, II, p. 42, nᵒˢ 568-9.)

756. المثنوى المعنوى (The masterpiece of mystic poetry, in 4000
distischs the entire work in 6 books, with marginal notes, an appendix and a table of contexts). — Delhi, 1280 (1863). Lucknow, 1282
(1865), fol.

V. Catal. Trübner, 1874, p. 9.

757. اخلاق جلالى (avec notes marginales). — Lucknow, 1283
(1866), 4°.

Comp. Hadji Khalla, n° 11, 210.

758. DOMBAY (Fr. de). تعليم طوطى زبان فارسى . Grammatica
linguæ persicæ. Accedunt dialogi historiæ, sententiæ et narrationes
persicæ, opera et studio Francisci de Dombay. — Vindobonæ,
1804, 4°.

Ibid. I, n° 282.

759. DORN. Uber die Verwandschaft des persischen mit dem ger-
manischen, griechischen, lateinischen, etc. — Hambourg, 1827, in-8°.

DORN, traduction de Sadi. Voir ce nom.

759 a. DORN (B.) und Mirza Muhammed Schafy. Beitraege zur
Kenntniss der iranischen Sprachen. t. I. Masanderische Sprache. —
Saint-Pétersbourg, 1860. 8°.

760. DOUZEAU (Jacob). Dictionnaire persan-arménien. — Constantinople, fol.

Voir n° 726.

Au commencement, p. 1-14, se trouve une grammaire persane en arménien. Ib., p. 13, n° 71.

Du Ryer, trad. de Sadi. Voir ce nom.

Dumoulin, trad. de Sadi. Voir ce nom.

Elichmann. Voir Dieu.

761. ENGRAVED specimens of persian writting, shewing the combinations of the letters. London, s. d.

762. ESSAAD (Mohammed) كتاب لهجة اللغة Dictionnaire arabe-persan-turc. — Constantinople, 1201 (= 1695), fol.

Il est connu par son *Akhlek Djaleli*, ouvrage de mœurs, traduit par Thompson,

763. ETSEALEBI Die Vertraute Gefaehrte des Einsamen, in schlagfertigen Gegenreden von Abu Mansur Abdulmelik ben Ismaïl Ettseâlebe, aus Nisabuhr. Ubersetzt berichtigt ù.mit Anmerkungen erlaeutert durch G. Flügel. — Nebst ein vorwort von Isac. v. Hammer. — Wien, 1829, gr. 4°.

764. — Exercices in the persian language. For students of the sixth class in the college at Forst William in Bengal. — Calcutta, 1801, 4°.

Ib., n° 386.

765. FAIZI. نلدمن. Lucknow, 1846, 8°.

Ibid., II, p. 43.

FAKR AL-DIN. Voir Wis.

766. Falconer (Forbes). Extracts from some of the persian poets, edited from manuscripts in the library of the East India Company. — Extracted from the Asiatic Journal. London, 1843, 8°.

767. — Grammar of the persian language. Ed. 2. London, 1848, 8°.

Pour sa traduction de Sadi, voir à ce nom.

768. FANI, sheikh Mohammed المذاهب دابستان. — Calcutta, 1224 (1809), Bombay, 1264 (1848), fol., lithogr. et 1277 (1860), 8°.

769. — DABISTAN, oder von der Religion der aeltesten Perser. Aus der persischen Handschrift von F. Gladwin ins englische, aus diesem ins Deutsche übersetzt, von F.-H.-V. Dalberg. Nebst einem Nachtrage. — Wurtzbourg, 1809, in-8°; 2e éd., 1817; 3e éd., 1823.

770. — The Dabistan or School of manners, translated from the original persian, with notes and illustrations by David Shea and A. Troyer. Edited with a preliminary discourse by the latter. London, 1843 (Oriental Translation fund), 3 vol. 8°.

771. FARID EDDIN ATTAR. پندنامه عطار The counsels, edited from a persian manuscript of Tippoo Saïb. London, 1809 et 1814, in-12.

Édition vivement critiquée par Silv. de Sacy dans la Préface à la traduction de cette œuvre.

772. عقد المرجان Containing the Pand-Nameh of Shaik Farid al-din Attar and the Qiççah-i-Yossoof, being an extract from Jamis celebrated poem Yossoof and Zuleika. 2nd ed. Calcutta, 1862, in-12 62 p.). — (Lees Persian series, n° 5.)

773. — Pend Nameh ou le Livre des Conseils, de Ferid-Eddin-Attar, traduit et publié par M. le baron Silv. de Sacy, avec l'errata publié au Magasin encyclopédique de 1813, texte persan et notes. Paris, 1819, 1 vol. in-8°.

Publié auparavant dans Fundgruben des Orients (Wien, 1811), t. II, p. 1-24, 211-223, 451-469. Comp. Notices et Extraits des Mss., t. I, p. 597.

Ce volume de philosophie est analysé par Chezy au Journal des Savants, 1819, p. 672. Pour les éditions de London, 1809; Boulak, 1244 (1828); Constantinople, 1251 (1834); Bombay, 1277 (1860), et 1280 (1863); 8° et Calcutta. s. d. voir Zenker, I, p. 69, n°s 574 à 579, et catalogue Trubner (1869), p. 112-53.

Voir aussi à Garcin et à Geitlin.

Ferhengui Chuouri. Voir Chuouri.

774. — پند نامه عطار (avec traduction en hindoustani). — Calcutta, 1825, 8°.

775. — ما حضر Commentaire turc sur le Pendnameh de Farid par Hafiz Mohammed Murad. — Constantinople, 1252 (1836), 4°.

Zenker, II, p. 38, n° 488.

776. فارسی تكلم رساليسی (grammaire et vocabulaire persans). — Stambul, 1287 (1870), in-12 (96 p.).

Comp. Kemal Effendi.

Fedoz. Voir Possart.

777. Ferishtah ما مكبيان A collection of prayers in verse, with refrain. — Lucknow. 1865, pet. 4° (12 p.).

Firdousi. Voir ch. 1.

Fleischer. Voir Ibrahim.

Fluegel. Voir Etscalebi.

778. Feth Ali Chan. Ode des persischen Hofdichters Feth Ali Chan auf die Fahne und auf des Shahs Bild Gedichtet, das dieser mit dem grossen Sonnen-Loewenorden seinem Bothschafter Mirza Abulhassan Chan übersandte, übersetzt von Jos. von Hammer.

Dans Fundgruben des Orients (1818), t. VI, p. 216-7.

779. — Text der Vorrede des Schehinschahname (des Buchs des koenigs der koenige).

Ibid., p. 341-48 et 417-20.

La trad. allemande est dans Jahrbücher der Litteratur (Wien), t. VI.

780. Flowers of persian literature : containing extracts from the most celebrated authors in prose and verse, with a translation into English. Being entended as a companion to sir William Jones Persian Grammar. — To wich is prefixed an Essay on the language and literature of Persia. — London, 1805, 4º.

(Zenker, I, p. 48, nº 387.)

781. Fodouli. ديوان فضولی Tebriz (s. d.).

Voir Hadji Khalfa, nº 5605.

782. Forbes. A new grammar of tho persian language, containing a series of concise and perspicuous Rules, a distinct wiew of the elementary principles of that language by Duncan Forbes and S. Arnot. London, 1828, 4º. 2º éd. London, 1844, 8º.

(V. Zenker, t. I, p. 36 et II, p. 20.)

Il ne faut pas la confondre avec celle de Forbes Falconner, publiée à London, 1848. (Ibid., p. 19.) Voir ce dernier nom.

783. Frank (Othmar). De Persidis linguâ et genio, commentationes philosophico-persicæ. — Nurembergæ, 1810, gr. in-8º.

784. Friedl (J.). Fragmente über die Literaturgeschichte der Perser, nach dem lateinischen des Baron Rewitzki von Rewissen, mit Anmerkungen und dem Leben des persischen dichters Sadi. — Wien, 1783, 8º.

(Zenker, II, p. 38, nº 483.)

Fritsche. Voir au mot Horti.

Gabor. Voir Hafiz.

Gachtase. Voir Mirza.

785. Ganni. ديوان غنی Lucknow, 1845, 8º, 2º éd. Ib. 1263 (1848), lithogr.

Ib., II, p. 40, nºˢ 525-26.

786. Gaons Khan. بديع الصرف (grammaire persane). — Madras, 1849, 8º.

Ib., II, p. 17, nº 212.

787. Garcin de Tassy. La poésie philosophique religieuse chez les Persans. Le langage des oiseaux. Paris, 1856, in-8º.

Extrait de la Revue contemporaine. La 2º éd., Paris, 1860, est plus développée.

C'est une analyse du Mantik uttaïr de Ferid-Eddin-Attar, auteur soufi très-connu par les travaux de M. de Sacy. Cet ouvrage est très-estimé en Perse. Voir rapport à la Société asiatique, 1856, p. 56.

Voir aussi à Jones.

788. Gazoni. Grammatica et vocabulario della lingua kurda, com‧
posti dal P. Maurizio Gazoni. — Roma (P. F.), 1787, 8°.

(Zenker, I, p. 35, n° 274.)

Gaudin, abbé, traducteur de Sadi. Voir ce nom.

789. Gauttier (Ed.). Essai sur la littérature persane. — Paris, 1823,
in-18.

Extrait de l'ouvrage : « la Perse, etc. » de Perrin.

790. کوهر منظوم (Strung pearls). Lucknow, A. H. 1281 (1864),
fol. (16 p.)

(Catal. Trubner, 1874.)

791. Geitlin. Principia grammatica neo persica, cum metrorum
doctrina et dialogis persicis. Veniâ amplissima facultatis philosophicæ
ad imperialem Alexandream in Fennic universitatem dissertationibus
academicis edidit Gabriel Geitlin. — Helsingforsiæ, 1845, 8°.

V. Zenker, II, p. 20. Pour son édition de Sadi, voir ce nom.

Gentius, traducteur de Sadi. Voir ce nom.

792. Georgius (Med. Chrys.). Syntaxi Persarum per Ismaelem Bul-
lialdium , græce et latine. — Dans J. Hudson, Veteres scriptores
Græci minores. Oxford, 1712, 8°, t. III.

793. Ghanimet. نیرنگ عشق (Mesnewi). — Lucknow, 1846, 8°.

793 a. — Story of Shakid and Aziz. — Lucknow, lithog. (35 p.).
Ib., II, p. 42.

794. Gil christ (John). The hindee moral preceptor or rudimen-
tal principles of persian grammar. — London, 1821, in-8.

795. — A new theory and prospectus of the persian verbes, with
their hindoustanee synonimes in persian and english. — Calcutta,
1801, in-4°.

796. Gladwin. A compendious vocabulary, english and persian. —
Malda, 1780, 4°. — Calcutta, 1788, 4° et 1800.

797. — The persian guide exhibiting the Arabic derivations. —
Calcutta, 1800, in-fol.

798. — Dissertations on the rhetoric, prosody and rhyme of the
Persians. — London, 1801, 4°.

Pour sa traduction de Djâmi et de Sadi. Voir à ces noms.

799. — A dictionnary persian, hindostanee and English, including synonima with supplement. — Calcutta, 1809, 2 vol. in-8.

Zenker, II, p. 5, n° 62.

800. — The persian Moonshee, containing a copious grammar and
a series of entertaining stories ; also the Pund Nameh of Shykh Sadee

beeng a compendium of ethics in verse by that celebrated poët, to which is added forms of addresses, petitions, citations and bonds, etc. etc. by Francis Gladwin, esq. — Calcutta, 1801, 4°.

(Zenker, I, p. 35, n° 279.)

801. — Nouvelle éd : The whole in the Arabic and roman characters, together with an english translation. Second edition, revised, corrected and translated into the Roman character, by William Barnichel Smyth, late of the Hon-East-India Company's Bengal civil service. First vol. — London, 1840, 8°.

Ibid., n° 280.

802. Gilham Ali-Izadi شرح قطعه نيامت خان — Lucknow, 1843, 8°.

V. Zenker, II, p, 42. Comp. le mot Niamat.

803. Gogink. Persische Denksprüche. — Dans Berlinische Monatschrift, an 1789, août, p. 200, novembre, p. 507, selon Allgemeines Sachregister über die wichtigsten deutschen Zeit-ù-Wochenschriften (Leipzig, 1790, 8°), p. 389.

804. Gos. ديوان غوش اعظم (Poëmes mystiques.) — Lucknow, 4° (s. d., 56 p.).

Golius. Voir à Castell.

805. Graf (dr K. H.). Die moral des persischen dichters Sadi. — Iena, 1851, 8°.

Voir Beitraege zu den theologischen Wissenschaften in Verbinbung mit der theolog. Gesellschaft, zu Strasburg herausgegeben, von Dr Ed. Reuss und Dr Cunitz, t. III.

Pour son édition de Sadi, voir à ce nom.

806. Grammaire de la langue persane en turc, imprimée à Astrakhan, 1823, in-12.

(Zenker, t. I, p. 34, n° 265.)

807. Gravius. Elementa linguæ Persicæ, authore Joanne Gravio. Item, anonymus Persa de Siglis Arabum et Persarum astronomicis, persice et latine. — Londini, 1649, 4°.

(Zenker, t. I, p. 34, n° 267.)

Grohmann, traducteur de Sadi, voir à ce nom.

808. Grotefend (G.-F.). Bemerkungen über die Ruinen eines persischen Denkmahles in der Gegend von Suez.

Dans Fundgruben des Orients (1818), t. VI, p. 252-58.

809. Gulchin. Persian anthology. — Asiatic Journal of London, t. III, an 1816, p. 315, 528; t. IV, id., p. 112, 215, 327, 547; t. V,

1817, p. 109, 327, 540; t. VI, id., 113, 337, 576; t. VII, an 1819,
p. 125, 333, 471, 574; t. VIII (id.), p. 227, 433, 444; t. IX, 1820,
p. 3, 227; t. XI (1821), p. 320; t. XII (ibid.), p. 106, 313, 542.

GARGANI. Voir à Wis.

810. Hadley (G.). Introductory Grammatical Remark on the Persian language : with a vocabulary English and Persian; the spelling regulated by the Persian character. — Bath, 1774, 4°.

(Zenker, t. I, p. 35, n° 273.)

811. HAFIZ. كتاب لالهزار از ديوان حافظ Select odes, from the persian poet Hafiz in persian and English verses, with critical notes and explanatory by J. Nott. — London, 1787, in-4.

812. HAFIZ. Specimen poëseos persicæ, sive Muhammedis Schemseddini, notioris cognomine Haphysi Ghazelæ, sive odæ sexdecim ex initio Diwani depromptæ, nunc primum latinitati donatæ, cum metaphrasi ligata et soluta, paraphrasi item ac notis a K. Em. Alex. comite de Rewitzky. Vindobonæ, 1771, 8°.

(Zenker, t. I, p. 68, n° 560.)

813. — Specimen of persian poetry, or odes of Hafez; with an english translation and paraphrase, chiefly from the « Specimen poeseos persicæ, » of Baron Reviski, envoy from the emperor of Germany to the court of Poland, with historical and grammatical illustrations by John Richardson. London, 1774, 4°. — 2nd ed., revised and corrected by S. Rousseau. London, 1802, 4°.

Ibid., n°s 561-2.

814. HAFIZ. The persian works of Mohammed Schemseddin Hafez, with an account of his life and writtings. London, 1791, fol.

815. HAFIZ Gedichte, übersetzt von Dauner. Hamburg, 1846, et Nurnberg, 1852, 2 vol. 8°.

V. Brunet à ce nom.

816. HAFIZ Persa koeltoe diwanjabol ghazelaks Toredekek (traduction hongroise, par Fabian Gabor). Pesten, 1824. 8°.

Ibid., n° 567.

817. — Der Divan des Mohammed Schemseddin Hafiz, aus dem persischen zum erstenmal ganz übersetzt, von Joseph von Hammert. Tübingen, 1812, 3 vol. 8°.

818. ديوان حافظ. Calcutta, 1826, 8° (lithogr.) Cawnpoor, 1831, 8°, éd. lithographiée à Dhalamkampour, aux Indes, 1831, Constantinople 1257 (1841), 4°; Boulaq, 1256 (1841), 8°.

Zenker, t. I, p. 68, n°s 568-572.

819. — Die Lieder des Hafiz. Persisch mit dem Commentar des Sadi herausgegeben, von Hermann Brockhaus, Leipzig, 1857-59, 2 vol. 4°.

Zenker, t. II, p. 40.

820. شروح حافظ Commentaire sur Hafiz, en turc, par Sondi : Boulaq, 1250 (1834), 3 vol. pet. in-4°.

Pour détails, voir Brunet à ce nom et Zenker, I, p. 68, II, p. 40.

821. هفت ضابطه (de la calligraphie et des lettres). Lucknow, 1865, petit vol. (16 p.).

822. Haider. The seven seas. هفت قلزم A Dictionnary and Grammar of the persian language, by his Majesty Aban' Ldhafar Moezz Eddin Haïder, the king of Oude, in seven parts. — Lucknow, 1822, in-fol.

Voir Journal des Savants, Silv. de Sacy, 1826, p. 7:6, et 1827, p. 40. — Comp. le mot Akhtar-Alhed. Voir Brassey.

823. Haidar-Ali. منتهى الكلام . A persian work on law and traditions, giving numerous extracts from works on the same subject Written by a living author, Maulawi Haidar'Ali. Lucknow, A. H. 1282 (—1865), gr. 4°.

(Catal. Trubner, 1874, p. 11.)

824. Halisten. Carminis epici Schahnameh fragmentum de Dario et Alexandro, Hexametris Suethicis redditum,... publice proponit Alexander Gustav Julius Halisten. Helsingforsiæ, 1839, 8°.

825. خالق بارى (Vocabulaire en vers). Lucknow (s. d.), fol. (12 p.).

V. Catal. Trubner, 1869, p. 38.

826. Hammer (de). Essai sur la langue et la littérature persanes. — Au Journal asiatique, juillet 1833, p. 20-52.

Plan complet de cette bibliographie, avec titres.

827. — Ibid. (p. 382). Observations avec titres sur ce mémoire.

Ce sont des remarques critiques par Danischdjoui sur des notes de philologie persane.

Voir aussi à Abou-Taleb et à Firdouzi..

828. Hammer (Jos. von). Beschreibung der merkwürdigen Gemaelde einer persischen Schachtel im Besitze Sr Durchl. des H. Fürsten von Metternich, avec gravure.

Dans Fundgruben des Orients (Mines d'Orient), t. V, p. 103-108.

829. — Couplets persans pour l'inauguration de la maison de cam-

pagne de Mme la comtesse Constance de Rzewuska. Avec planche, style oriental.(Vienne, 1810), t. I, p. 190.

830. HAMMER (Jos. von). Persisches Gasel auf die Vermaehlung des H. Grafen Ferdinand von Waldstein mit graefinn Isabella Rzewuska (9 mai 1812).

Ibid., t. II, p. 283.

831. — Die Sprache Thaberistans (d'après un manuscrit de la Bibliothèque de Vienne, n° 117).

Ibid., t. III, (Vienne, 1813, p. 46.)

832. — Verzeichniss Sinn-oder Schallverwandter persischer woerter aus dem Werke دقايق الحقايق (Feinheiten der Wahrheiten), von Kemalpashasade.

Ibid., t. III, p. 47-52 et p. 69-128.

833. — Ein Beitrag zur Kenntniss des Volksdialects zu Diarbekr, aus dem IV Bande der Reisebeschreibung Ewlias.

Ibid., IV (1814), p. 106-8.

834. — Die nahe Verwandschaft der deutschen und persischen sprache, durch ein vergleichendes Woerterverzeichniss anschaulich dargestellt.

Ibid., t. VI (1818), p. :62-178 et 390-91.

835. — Verzeichniss persischer Woerter aus griechischen Klassikern, nach ihrer heut üblichen Form und Aussprache.

Ibid., p. 339-40.

836. — Nicht Wissen und Wissen; persische Gnome (texte et trad.

Ibid., p. 251.

837. — Uebersetzung des persischen Diploms, wodurch Mirza Abdul Hussein bei seiner Ernennung als gesandter nach Wien zu Würdigung eines Chans ernennt wurde.

Ibid., p. 299-300.

838. — Diplom des persischen Sonnen und Lowenordens (texte et traduction).

Ibid., t. V, p. 97-98.

839. — Beitrag zur Geschichte der Orientalischen Musik, aus der universal geschichte Ainiz.

Ibid., t. IV, p. 383-4.

840. — GESCHICHTE der schœnen Redekunste Persiens vom achten Jahrhundert der Hedjra (Xten Christi) bis auf unsere Zeit. Mit einer Blüthenlese aus 200 persischen Dichtern, von Jos. de Hammer Purgstall. Wien, 1818, in-4°.

De nombreux fragments en ont paru dans les Mines d'Orient, de 1813 à 1818.

841. — Wamik und Assa, das ist der Glühende und die Blühende, das älteste persische romantische Gedicht. — Wien, 1833, in-8°.

842. Handjeri (prince Alexandre). Dictionnaire français, arabe, persan et turc, enrichi d'exemples en langue turque avec des variantes, et de beaucoup de mots d'arts et de sciences. — Moscou, 1840, 3 vol. 4°.

843. Handjeri-Vlangali. Proverbes et adages persans, traduits en français. — Dans la Revue Orientale, t. II, p. 423.

844. Hansawi (Abdul-Wasi). Grammaire persane. — Lucknow, lithog., s. d. (68 p.).

845. Hargopal Munshi. Sanbalistân. A poetical work, in mesnewi metre, in 12 chapters, containing narratives like the Bostan in style. — Lucknow, A. H., 1282 (1865), 8°.

Catal. Trubner, 1869, p. 138, et 1874, p. 13.

Harrach. Voir Kemalpachasade.

846. Harib. Persisches Hochzeitsgedicht, in 32 versen oder 16 Distichen im Jahr der H. 1232 (1816), aus Bagdad nach Wien eingesandt (texte persan et traduction allemande).

Dans Fundgruben des Orients, t. V (1818), p. 142-3.

847. حروف تهجّی (abécédaire et petite grammaire persane.) — Calcutta, 1837, 8°.

Zenker, II, p. 18, n° 219 et p. 19, n° 220.

Hartmann, traducteur de Djami, voir à ce nom.

848. Hasan (Muhammad) Khan. اصل الاصول فى ابواب النحو والفصول A persian treatise on arabic grammar, in three parts, composed by Muhammad Hasan Khan, sadr assudûr of Kânpur. Lucknow, A. H., 1280 (1863), petit fol.

Hasan Cazy. Voir Cazy.

849. Hassan Ali-Khan (ambassadeur de Perse). Pend-Nameh, la lettre des conseils, morale, religieuse et politique. — Dans la Revue Orientale, 1861, t. VI, p. 69-78.

850. Hatif (Seyd Ahmed). Trois odes mystiques du Seyd Hatif, d'Ispahan ; publiées, traduites et commentées, par M. C. Defrémery. Paris, 1856, in-8° (16 p.). Extrait du Journal asiat., mars.

Idem (texte et traduction), par M. Jouannin.

Dans Fundgraben des Orients (1812), t. II, p. 309-12.

851. Hatifi ليلى مجنون a persian poem of Hatifi. — Calcutta,

1788, in-8° et 1244 (1811), 4°, et 1279 (1862). Voir Hadji Khalfa, n° 11, 250. — Le poëte Abdallah, surnommé Hatifi, mort en 1520, était neveu de Noureddin Djami, dit Brunet, à ce nom.

852. HAYRET effendi. Dictionnaire persan-turc, suivi d'une grammaire persane (écrite en turc). — Boulak, 1826, in-4°.

HEIDER. Voir Akhtar.

853. HELALI-BEDR AL-DIN. ديوان هلالى (recueil de Ghazèls). — Lucknow, 1281 (1864), gr. 8°.

Son talent et son savoir réunis lui ont valu le surnom de petit Djami.

HOSAINI. Voir Ullah.

HOPKINS. Voir Richardson.

HUSSARD. Voir Djelaleddin.

854. (HINDLEY, HADDON). Persian lyrics, or scattered poems from the Diwan i-Hafiz with paraphrase in verse and prose, a catalogue of the Gazels as arranged in a manuscript of the works of Hafiz in the Chetham library of Manchester and other illustrations, Manchester, 1800, 4°.

Pour son édition de Farid Attar, voir ce nom.

855. HORTI persici et arabici in Latii Valles translati, ediderunt Od. Amthor et Arm. Fritsche. Melocabi et Lipsiæ, 1842, 8°.

Zenker, II, p. 10°, n° 1343.

856. HUSSEIN Vaëz Kashefi. اخلاق المحسنى The moral of the beneficent. Engraved from the mss. Hertford, 1823, 8°. Id. printed for East India college (by Ouseley). Ibid, 1850, 8°.

857. — Notice sur le traité persan des Vertus, par Garcin de Tassy. Paris, 1837, 8°.

C'est l'auteur du célèbre Anwari Sohaili.

858. — Litterally translated from the persian, by H. G. Keent. Hertford, 1851, 8°.

859. HYDE (Th.). Historia religionis veterum Persarum eorumque Magorum, ubi etiam nova Abrahami et Mithræ et Vestae et Manetis, etc. historia atque angelorum officia et præfecturæ ex veterum Persarum sententia, item Persarum annus antiquissimus tangitur, is τοῦ Gjemschid detegitur, verus τοῦ Yezdegherd de novo proditur, is τοῦ Melicshah expenditur, is τοῦ Seldjouk et τοῦ Chozremschah notatur et is τοῦ Kata et τοῦ Oighur explicatur. Zoroastris vita, etc... Præmisso capitum elencho, accedunt icones et appendix variarum dissertationum. Oxonii, 1700, in-4°, avec fig.

IBN-YEMIN. Voir Schlechta.

860. IBRAHIM. Grammar of the persian language to which are sub-join several dialogs, with an alphabetical history of the English and persian terms of grammar, and an appendix on the use of arabic words by Muza Mohammed Ibrahim, professor of arabic and persian languages at the company. Easthons college. — Halleybury, London, 1843, 4°.

Zenker, tom I, p. 34, n° 264.

861. — GRAMMAR of the persian language by Ibraheem, Mirza Mohammed, with several dialogues, etc. — London, 1841, in-8°.

Voici la trad. allemande :

862. MIRZA-MOHAMMED-IBRAHIM Grammatik der lebenden persischen sprache, aus dem englischen übersetzt, Zum Theil umgearbeitet und mit Anmerkungen versehen von Fleischer. — Leipzig, 1847, in-8°.

Ibid., n° 245.

IBRAHIM-MUTEFARRICA. Voir Mutefarrica.

863. IGNATIUS a Jesu (J. F.). Grammatica linguæ persicæ. — Romæ, 1661, in-4°.

Ibid., 268.

864. IOHANNISIANTS (Boskanof). Учебникъ Персидскаго языка (Grammaire de la langue persane, en russe). — Moscou, 1856, 8°.

A la fin, il y a un vocabulaire usuel.

865. IRADET-KHAN. پنج رقعه (Cinq lettres). — Lucknow, 1843, 48 p.) ; 2° édition, 1280 (1862).

Ibid., t. II, p. 26, n° 348.

JALAL. Voir Djalal.

JAMAL. Voir Urfi.

869. JOHNSON (Fr.). Dictionary persian arabic and English, published under the patronage of the hon. East India company. — London, 1852, 4°.

C'est la nouvelle édition du Dict. de Richardson.

Zenker, t. II, p. 6, n° 6.

870. JONES (R.). A new persian and English work, after the method of Bayer and others, by Robert Jones. — Calcutta, 1792, 8°

Ibid., t. I, n° 276.

871. — HISTORY of the persian language. — Dans : History of Nader Shah. (London, 1773, 8°.)

872. JONES (W.). A Grammar of the persian language by sir William Jones; the 8° edition, with considerable additions and improvements, by the Rev. Samuel Lee, M. A. D. D., of the university of Halle — London, 1771, in-4°.

2 nd. éd., 1775, 4°; 4ᵉ ed., 1804; 7ᵉ, 1809 ; 9ᵉ, 1828.

Pour la 8ᵉ édition de 1823, voir dans le *Journal des savants*, article par Sil. de Sacy, 1824, p. 195.

1ʳᵉ traduction française. London, 1772, 4°. Voici le titre de la seconde: Grammaire persane de sir William Jones; 2ᵉ édition franç., revue par Garcin de Tassy. Paris, impr. royale, 1845, in-12.

873. — Poems, consisting chiefly of translations from the asiatic languages. — Oxford, 1772, 8°.

2 éd. To which are added two essays : 1° On the poetry of the eastern nations; 2° on the arts, commonly called imitative. — London, 1777, 8°.

874. Joutperkast (Lalla). The Dustoor-i-Ishk, a persian poem. — Calcutta, 1812, in-8°.

874 *a*. Kabus. Het bœk van Kabus, uit het perzisch voor de jeugd bearbeid benevens Oostersche verhalen uit het Hoogd.— Amsterdam, 1825, 8°.

Voir Feestgave der leidschen hoogeschool, Bœœfening, etc., p. 31.

Karawansera. Voir Sarrazin.

875. Karamat-Ali عروض کرامت علی (métrique). — Calcutta (s. d.), 4°.

Zenker, II, p. 27, n° 356.

Jumnusaddy, trad. de Sadi. Voir ce nom.

Kali. Voir Krischna.

876. Karima. عقد اللآلی, or persian poetical reader. N° 1 containing the Pand Namah or Karima, commonly ascribed to Sadi, and the Tarji-Band, called Ma-Moqiman (Lees' persian series, n° 4). — Calcutta, 1864, in-12 (55 fr.).

877. Kashfi. دیوان کشفی (Recueil de Ghazèls). — Lucknow, 1278 (1861), in-12.

Voir aussi au mot Hussein.

878. Kazim. عالمگیر نامه by Muhamud Kazim ibn i-Muhamud Amin Munshi. Edited by Maulawi Kazim Hussain and Abdal-Haï, under the superintendance of W. N. Lees. — Calcutta, 1868, in-8.

879. Kemal effendi فارسی تکلم رسالهسی Guide de la conversation en persan et en turc. — Constantinople, 1263 (1847), 8 lithog. obl. 2ᵉ éd. 1865. — Éd. arabe par Nassif Mallouf, professeur de langues orientales au collége de la propagande de Smyrne, etc. Imp. en trois langues aux frais d'Emin Mouhlis Effendi. — Smyrne, 1853-1269, 8°

Zenker, t. II, p. 8, n° 89-90.

880. Kemal pascha Zadé. Liber Nigaristan juxta analogiam Roseti et Deliciarum vernalium. — Publié avec version latine, par le comte Charles de Harrach, et une préface latine, par Jos. de Hammer.

Dans Fundgruben des Orients, t. I, p. 401-8, t. II (1811), p. 107-113 et t. III, p. 128. — Voir 1re partie, à ce nom, et ci-dessus no 832.

881. Khakani تحفت العراقين (les raretés des deux Irak). Lithographié à Agra, 1855, 8°. Poëme mystique persan, avec commentaire.

(Journal asiatique, juillet 1864, p. 81.)

L'édition de Lahore, 1870, 8°, est anonyme. (Catalogue Trubner, 1874, p. 15).

882. Khayyam. Rubaïat of Omar Khayyam the astronomer poet of Persia, translated into english verses. — London, 1859, 8°.

M. M. de Hammer et Garcin de Tassy en avaient publié des quatrains. (Journal asiat., juillet, 1864, p. 68.) Version franç., par J. B. Nicolas. Paris, 1863, 8°.

883. Khosrew. قرأن السعدين — Lucknow, 1259 (1838) et 1261 (1840).

Voir Hadji-Khalfa, no 9,399.

884. Khasrau, emir of Delhi. اعجاز خسروى On the art of composition and letterwriting; the margin being covered with useful explanations. — Lucknow, A. H. 1287 (= 1865).

885. Kirkpatrick (William). A vocabulary persian, arabic and english, containing such words as have been adopted, the two former of those languages and incorporated into the Hindüe, etc. — London, 1785, in-4°.

Ibid., t. I, p. 13, no 73. Comp. Anweri.

886. Letters of Tippoo Sultan, with notes and observations. — London, 1811, 2 vol. 4° (texte et traduction).

Ibid., t. II, p. 26.

887. كتاب فرهنگ شعورى. — Constantinople, 1155 de l'H. (1742 de J. C.) 2 vol. fol. (Voir no 607).

Zenker, t. I, p. 11, no 66.

888. Klaproth (Jules de). Vocabulaire latin, persan et coman, d'après un manuscrit écrit en 1303, provenant de la Bibliothèque de Pétrarque, publié par J. Klaproth. — Paris, 1828, 8°.

Voir ses Mémoires relatifs à l'Asie (Paris, 1828, 8°), t. III, p. 113-256.

889. — Kurdisches Woerterverzeichniss aus dem persischen und andern verwandten Sprachen.

Dans Fundgruben des Orients (Vienne, 1814), t. IV, p. 312-321.

890. — Ueber die Kurdische Sprache und ihre Mundarten, aus dem III Bande der Reisebeschreibung Ewlia's.

Ibid., t. IV, p. 246-7.

891. — Uebersetzung eines satirischen Gedichtes, in fünfzeiligen Strophen, in kurdischen Dialecte Ruschegan (aus der Reisebeschreibung Ewlia's).

Ibid., t. IV, p. 380 82.

Labrosse. Voir Angelus.

Lami. Voir Djami.

892. Krischna. Bahadur (Maharaja Kuli). رياض الصنايع, garden of arts; an abridgment of persian rhetoric with examples. — Calcutta, 1847, 4°.

Ibid, t. II, p. 24, n° 294.

893. — Miscellaneous moral maxims collected from various authors; persian and english. — Serampour, 1830, in-12.

Ibid., p. 31, n° 402.

Kuli. Voir à Abbas.

894. Lange. Specimen academicum Pendnameh, sive liber consilii... pp. Gabriel Geitlin, resp. Johann Zacharia Lange, sacellano Helsingfortiensi, pars prima et secunda die 10 Junii 1835 h. a. m. c.

Latouche. Voir à ce nom au ch. I.

895. الطريق عجيبة (récits extraordinairement fins). Lucknow, 1258 (1842), gr. 8° (32 p.)

(Catal. Trubner. 1869, p. 44.)

896. Latchmi Naraïan. دستور الحجّت (poésies). Lucknow (s. d.)

Ibid., p. 41, n° 539.

897. — رقعات. Calcutta (?) et Lucknow, 1845, 8.

Ibid., p. 25, n° 316-7.

Lebrecht Fleischer. Voir Ali.

898. Lees. Critical researches in philology and geography, contents : 1° Review of Jones's persian grammar; the 8th ed. with considerable additions and improvements. Glasgow, 1824, 8".

La deuxième et la troisième parties ne nous concernent pas.

899. — Classic selection from some of the most esteemed persian writers. Printed and published at the asiatic lithographic company's press. (1828, 2 vol. gr. 4".)

900. — A grammar of the persian language, comprising a portion of the elements of arabic inflection, together with some observations

on the structure of either language, considered with reference to the principles of general grammar. London, 1810, 2 vol. fol.

901. — عقد گل, being a selection from the Gulistan and Anwari Sohaïli; edited by W. N. Lees and mawlavi Kabir al-din Ahmad (Lees persian series, n° 1). Calcutta, 1863, 8°.

(Catal. Trubner, 1874, p. 7.)

Lutf-Ali Bey. Voir ch. I.

Ludovic de Dieu. Voir Dieu (L. de).

902. Lees (Nassau W.). A] Biographical sketch of the mystic philosopher and poet Jami being the preface to his « lives of mistics. » Calcutta, 1859, 8°.

Zenker, II, p. 110, n° 1371.

902 a. Liebrecht (F.). Die Ragnar Lodbroksage in Persien.

Dans Orient und Occident, I (1862), p. 501-4.

903. Lumsden (Thomas). Selections for the use of the students of the persian class, in 6 volumes, published at the persian press of the college of fort William. 1809-11, 6 vol. fol.

T. I. A portion of the Akhlauke Moohsunce and the Zuleïkha; t. II : id. of Goolistaun and the Boostaun ; t. III : id. of the Bahaure Daunish and the Deewaune Saudee; t. IV ; id. of the Inshae Abool Fuzl and the Sekunder Namah; t. V : comprising the Akhlauke Julalee, etc. ; t. VI. comprising the Rookawte Jaumee and Soobhut of Abraur.

904. Madhoram. انشای مادهورام (modèle de lettres). Luchnow (lith.), 8°.

Ouvrage souvent imprimé, dit Zenker, II, p. 25, n° 319.

905. Mahmoud. محمود نامه (poésies). — Agra, 1817, 8°. Lucknow, 1269 (1846), et Cawnpore, 1266 (1849).

Ib. p. 42.

Mahmud-Schahbistri. Voir à ce dernier nom.

906. Makhfi, princesse. دیوان مخفی . Cawnpore, 1268 (1847), et Lucknow, 1283 (1866), 8°.

(Ibid., p. 40, n° 527.)

Cette fille d'Alemguir mourut en 1114 de l'Hégire.

907. مثنوی داغ دل (par un inconnu). Luknow, 1847.

Masandery. Voir B. Dorn.

908. مثنوی مهر وماه (par un inconnu). Ibid, 1846, 8°.

908 a. Measnavi raudeh fidh. Ibid. lithogr. 8°. (35 p.).

909. Masnawi Schareh Hallal (s. d.)
Masnavi schah bu Ali Kalandar. Delhi, 1849, 8°. — Ibid., n°s 573-4.

910. مثنوى سلسبيل. Religious poems. Lucknow, A. H. 1283 (1866), in-8° (50 p.).

Salsabil est le nom de l'un des fleuves du Paradis (Catalogue Trubner, 1874, p. 9).

911. مصدر الفيوض (Conjugaison et grammaire persane). Lucknow, lithogr. (90 p.).

Zenker, II, p. 19, n° 233.

Meer Shems. Voir Schems.

912. مثنوى ماه شب افروز (la lune, lumière de la nuit), poëme religieux. Lucknow, 1280 (1863), 4° (16 p.).

913. Melgunof. Essai sur les dialectes de Mazenderan et du Ghilan, d'après la prononciation locale. — Dans Zeitschrift der deutschen morgenlaendischen Gesellschaft, t. XXII, 1868, p. 195-224.

814. Menault (Ernest). La Perse, son commerce et son agriculture.
Au Moniteur universel, 1863, p. 353.

915. Meninski. Lexicon arabico-persico-latinum, Vindobonae, 1780, 4 vol. fol.

916. مقاتيح الدرية فى اثبات القوانين الدّرية — Boulak, 1242 de l'H. (1826 de J.-C.), in-4°.

C'est une « clef de la porte » pour la détermination des règles du dialecte persan, employé dans le style épistolaire et les pièces de chancellerie (Bianchi).

917. — Un extrait du même, par le cheikh Hafiz Mohammed Murad, a paru à Constantinople en 1251 (1835).

(Zenker, t. I, p. 43, n° 348-9.)

918. مينا بازار. Description of a Bazar in ornate prose. Lucknow, A. H. 1284 (1867), gr. 8° (44 p.).

919. ميزان الافكار. A commentary on the معيار الاشعار, with a tract of Rubaï. A treatise on prosody. Lucknow, A. H, 1282 (1865), petit fol.

(Catal. Trübner, 1874, p. 10.)

920. Mirza. Dialogues persans et français, composés pour l'auteur par Mirza Saulih de Chiraz. — London (s. d.), 4°. (48 p.).

Les mêmes dialogues sans la traduction française.

(Zenker, I, p. 17, n° 110.)

921. Mirza Bedil. رقعات مرزا بديل (modèles de style épistolaire), lithog. — Lucknow, 1845, 8°.

Ibid., II. p. 25, n° 311.

922. Mirza Katil. رقعات ميرزا قتيل. Models of epistolary compositions, by a celebrated stylist. Cawnpore, 1265 (=1849) et 1267 (=1850), petit fol. (98 p.)

(Catal. Trübner, 1874, p. 11.)

923. — چهار شربت Lucknow, 1268 (=1859), lithog. 8°.

924. — شجرة امنی (règles et exceptions de la grammaire persane). Lucknow, 8° (s. d., 20 p.).

925. — نهر الفصاحة مولفات, or river of eloquence, a work of composition by Mirza Katil. — Calcutta, 8° (s. d.), 1822 et Lucknow, 1843, 8°, lithogr.

Ibid., I, p. 93, n° 346, et t. II, p. 24, n°⁸ 301-2.

926. Mirza M. Schafi Gachtasb. Dictionnaire mofid persan-arabe-russe-français. St-Pétersbourg, 1869, in-4° (lithogr.).

927. Mirza Tahir Wahid. انشای طاهر وحيد (Collection of letters). — Calcutta, 1826, Lucknow, 1844, lithogr.

Ibid., t. I, n° 347 et t. II, n° 325.

928. — مفيد الانشا (art épistolaire). Lucknow, 1268 (1852), lithogr.

Ibid., II, p. 27.

929. Mnemonic Tables to facilitate the acquirement of Persian verbs, arranged nearley according to the European form. (s. l. n. d.) 4°.

(Zenker, I, p. 37, n° 293.)

930. Mohammed Ali (Mirza). Gaselen des hessischen Bothschafts-secretairs Mirza Mohammed Ali, übersetzt von Jos. von Hammer.

Dans Fundgruben des Orients (1818), t. VI, p. 217-8.

931. Mohammed ben Manssur. Auszüge aus dem persischen werke جواهر نامه d. i. das Buch der Edelsteine. Ubersetzt von Jos. v. Hammer.

Dans Fundgruben des Orients (1818), t. VI, p. 122-142.

Mohammed Hussein. Voir Borhani.

932. Mohammed Kassim. برهان جامع ou برهان فارسى Dictionnaire persan). — Tebriz, 1844, fol.

(Ibid., II, p. 5, n° 53.)

933. Mohi-Eddin. تحقيق القوانين (Grammaire persane). — Madras, 1263 et 1236, lithog.

(Zenker, II, p. 17, n° 213.)

934. Moises (Edward). The persian interprets in three parts. A grammar of the persian language extracts in prose and verse ; a vocabulary persian and english. — Newcastle, 1792, in-4°.

Ib., I, n° 275.

935. Momtaz. تمكسر موارج . Lucknow, 1262,(1845), lithog.

Il y a une composition en prose sur la marge du poëme, dit Zenker, II, p. 41, n° 536.

936. Moonshee. *Guldasta-i-Nischat,* or nosegay of pleasure, a collection of poetry persian and hindoustani compiled by Moushee Mannu Lal. — Calcutta, 1836, in-4°.

Comp. ci-après à Mounnoo-Lal.

937. مزيل الخفاء . Constantinople, 1256 (1840), 8.

C'est un commentaire sur le vocabulaire persan-turc de Mohammed Chahidi, intitulé : *Tohfet Chahidi* par Mohammed Murad (Ibid., n° 61).

938. Morier (James). Zohrab the hostage. Paris, 1833, 8°.

Fait partie de la « Collection of british novels and romances » (chez Baudry.)

La traduction française, par le traducteur des « Mémoires d'un Médecin, » (Philarète Chasles), à Paris, 1833, 2 vol. 8°, a pour sous-titre : « Mœurs persanes. »

938 *a.* — Adventures of Hassi-Baba, of Ispahan. Ibid., 1824, 3 v.

939. موجب الغرايب (Collections de proverbes persans). Lucknow, lithogr. (s. d., 32 p.).

Zenker, t. II, p. 31, n° 401. Comp. Krischna.

939 *a.* Muhammed. مشنوى تحفة كهدى . Mystical poems. (s. l.) A. H. 1281 (1864), in-4" (19 et 96 p.).

Voir Catalog. Trubner, 1869, p. 39.

940. مجمع الصنايع (Ouvrage de rhétorique, métrique, etc.) — Lucknow, s. d., lithogr. — Zenker, II, p. 24, n" 295.

941. مجموعة أحمد نامه (Grammaire persane). Calcutta (?). — Ibid., II, p. 19.

942. Mujmooi talem oossibiyan. Useful elementary works to young students in the persian language. — Calcutta, 1830, 8°.

(Zenker, I, p. 49, n° 395.)

Nouvelle éd. abrégée. Murschidabad, 1845, 8".

Ibid., II, p. 18, n° 215.

Mukhalla, traducteur arabe de Sadi. Voir à ce nom.

Munk. Voir à Djami.

942 *a.* Muller (Frd.). Beitraege zur Kenntniss der Neupersis-

chen Dialekte (Aus den Sitzungsberichten der K. Akademie der Wissenschaften). Wien, 1864, gr. 8°.

Inhalt : I. Mazandaranischer Dialekt (28 p.). — II. Kurmangi-Dialekt der kurdensprache (31 p.).

— Beitraege zur Lautlehre der neupersischen Sprache. Ibid. I et II, 1862-63, gr. 8°.

— Die Conjugation des neupersischen Verbums, sprachvergleichend dargestellt. Ibid., 1864, gr. 8°.

— Das personal-pronomen in den modernen erânischen Sprachen. Ibid., 1864, gr. 8°.

— Uber die Sprache der Avghanen (pachto). I et II. Ibid.

943. Munnoo Lal. Guldasteh Nischat, poems selected and original. — Calcutta, 1832, 4°.

Zenker, II, p. 41.

Muslih-uddin Sady, scheikh. Voir Sadi.

944. Mustapha Muhammad Khan. Safwat al-meçadir. A persian grammar. Delhi, 1870, 8° (20 p.). — Lahore, ibid. (24 p.). — Autre éd. Lucknow, A. H. 1281 (=1864), petit fol. (24 p.).

945. Mutefarrica (Ibrahim Effendi). Dictionnaire persan-turc, avec des exemples qui déterminent le véritable sens et les diverses acceptions de chaque terme. — Constantinople, 1155 (1742), 2 vol. in-fol.

Le vocabulaire persan de Ferhengui Chuouri fait le fond de cet ouvrage, dit Brunet, qui écrit à tort : Monteferrica (avec N).

946. Nahe Verwandschaft der deutschen und persischen Sprache durch ein vergleichendes Woerterverzeichniss, anschaulich dargestellt.

Dans les Mines de l'Orient, t. VI, p. 162-390.

Nigaristan. Voir à Kemal pacha-Zadé.

947. Najat. Scharh golkasti. A poem on wresthing with a commentary. — Lucknow, 1258 (1840).

(Ibid., II, p. 14.)

Naraiat. Voir Latchmi.

948. Nasir Ali. Diwan Nasiri. Lucknow, 1844, 8°; et 1281 (1864), 4°.

Ibid, p. 40.

949. Nissab as-sabian, (petite grammaire persane). — Lucknow (s. d.), 8°.

950. Nissab al-istès'ab, (grammaire). — Calcutta (s. d.), 8°.

(Zenker, t. II, p. 19, n° 235-236.)

نصاب تجنيس اللغات تصنيف ملّا عبد الرحمن المشهور نجامى

منتخب بصحيح كردة محمد عسكرى نكرت ابن ميرزا محمد على

خان قطرت بمشهوره واهتمام اسكول بك سوسيتطى

C. S. B. S. Calcutta, printed, by P. Pereira : at the hindostanee-press, 1818, in-8°, (18 p.). — C'est un petit traité sur l'art métrique et les rimes de la langue persane.

(Zenker., t. I, p. 43. n° 350-51.)

952. NIAMAT KHAN ALI. DJUNG NAMEH NIAMAT. (Satire avec commentaire d'Azad). Lucknow, 1260 (1843), 8°.

Niamat est mort en 1121 (1709) et Azad en 1200 (1785), selon Sprenger à ce mot. (Ibid, n° 1370). Comp. ci-dessus à Golham.

953. NIAZ. DIWAN NIAZ. Delhi (s. d.), in-12.

(Ibid., II, p. 41, n° 534.)

954. NICOLAS (J. B.). Dialogues persans-français, accompagnés de notes sur les principales règles de la grammaire persane et sur certaines locutions et idiotismes propres à cette langue à l'usage des drogmans, des jeunes de langues, des négociants et des voyageurs. — Paris, 1857, 8°.

NICHET. Voir Djami.

955. NISSAR ALI (Maulawi). TSCHEHAR GOLZAR (Grammaire, rhétorique, métrique, etc.) Calcutta, 1795; ibid., 1834, Lucknow (s. d.), lithogr., Bombay, 1260 (1844).

V. Zenker, t. II, p. 24, n°s 296-98, et Trubner, 1869, p. 57.

Écrit par ordre de Sir G. Ouseby.

956. NISHET ALLAH HHODAÏ (court mesnewi religieux). Lucknow, 1273 (1856), gr. 8° (16 p.).

957. NISAMI poetae narrationes et fabulæ, persice e codice ms., nunc primum editae, subjuncta versione latina, (ed. Fr. Hain). Lipsiæ, 1802, in-4°.

Voir Brunet à ce nom et Zenker, I, p. 66; II, 39.

958. — HEFT PICAR. Bombay, 1849, 8°.

959. — RIKAAT NIZAMIEH (modèles de lettres par Nizami). Lucknow, 1848, lithog. (16 p.).

Ibid., II, p. 25.

960. HAMSEH NIZAMI. Bombay, 1834 et 1848, fol. Téhéran, 1261 (1844).

961. — KOLLIAT NIZAMI. The complete works of Nizami in persian (Téhéran, 1830), gr. 8° à 2 col.

962. — Die Schoene vom Schlosse, Mohammed Nisameddin, dem Gentscher nachgebildet, von Franz von Erdmann. Kasan, 1832, 4".

963. — *Behram Gur* und die russische Fürstentochter. Mohamed Nisam eddin, dem Gentscher nachgebildet und durch Kritisch philologische Anmerkungen erläutert von Franz von Erdmann, dem ludwigsluster. Kasan, 1835, 4°.

C'est une nouvelle éd., amplifiée, de l'œuvre précédente.

964. — Leila and Madjnun, a poem from the original of Nizami, by james Atkinson esq., of the honourable east India company's Bengal medical service, author of Sohrab, a poem, an abridgement in prose und verse of the Shah Nameh of Firdousi; la Secchia rapita, from the italian of Tassoni, etc., published under the superintendance of the oriental translation fund. London, 1836, 8°.

965. — *Makhzan ul-Asrar*, the treasury of secrets, being the first of the five poems, or Khamsah, of Shaikh Nisami of Ganjah. Edited from an ancient manuscript with various readings, and a selected commentary by Nathaniel Bland. London, 1844, 4°.

Il y a des ex. mss. à l'Université d'Upsal, n°s 151-53, selon le catal. Tornberg, p. 94-6.

966. — Montekhab al-scharh Sacander Nameh. The secander Nama of Nisami, with a collection from the works of the most celebrated commentators, by Bedr Ali and Mir Hosein Ali. Calcutta, printed at the hindoustan Press, by P. Pereira, 1812, 4°. — 2nd ed. 1240 (1825).

967. — Id. with a copious marginal commentary. The first part of the poem. Lucknow, A. H. 1282 (=1865), fol.

968. — Id. edited by Maulawi Aga Ahmad Ali. Calcutta, 1869, 8°
Catal. Trubner, 1874, p. 13.

Nott. Traduction de Hafiz. Voir ce nom.

969. Noveidi. Diwan Novéidi. Lucknow, 1843, 8° et 1845.
Ibid., II, p. 40.

970. Observations sur quelques monuments de la Perse (mythologie). Avec planches (par P., initiale qui est peut-être celle de Pastoret).
Dans Fundgruben des Orients, t. I, p. 209-16.

971. Odhélius (Ola). Dissertatio de convenientia linguæ persicæ cum gothica. Upsalae, 1823, 8°.

972. Objaïb al-hekaiat (histoires merveilleuses). Bombay, 1268 (1851), 8°.

973. Ollami. (Collection de lettres par des hommes distingués). Calcutta, s. l. n. d., 4°.

(Ibid., p. 26, nᵒ 344.)

974. OUSELEY (W.). Persian Miscellanies : an essay to facilitate the reading of persian manuscripts ; with engraved specimen, philological observations and notes critical and historical. — London, 1795, 4ᵒ.

Ibid., I, nᵒ 385.

975. — The Bakhtyar Nameh, or history of prince Bakhtya and the vizirs, a series of persian tales, with translation. London, 1801, gr. 8ᵒ.

V. Lowndes, Bibliographers manual, part. VI, p. 1741.

PANJ RUQAAT. Voir Iradat-Khan.

976. PANJEH NIGARIN (5 collections d'exemples d'écriture persane) en cinq parties. Lucknow (s. d.), petit fol. (de 40 à 60 p.).

(Catal. Trubner, 1869. p. 37).

PASEWARS. Voir B. Dorn.

977. PAVET DE COURTEILLE. Dictionnaire turk-oriental, destiné principalement à faciliter la lecture de Baber, d'Aboul-Gâzi et de Mir Ali Chir Newaï. Paris, imprimerie impér., 1870, 4ᵒ.

Ce travail se rattache philologiquement aux dialectes persans. — Pour la traduction de Kemal Pacha Zadé, voir ce nom. — Ses autres travaux, sur Baber, etc.. n'entrent pas ici.

978. PEIPER. Commentatio de libro Persico Mihr o Muschteri seu de Mihri et Muschterii (solis et Jovis) mysticis amoribus. Pars I : Dissertatio inauguralis, quam scripsit C. R. S. Peiper. — Berolini, 1835, 4ᵒ.

Ibid., t. II, p. 43.

979. PERSIAN reader, or select extracts from various persian writers. English and persian. 2 vol. Calcutta, 1824-1825, 8ᵒ.

Ibid., I, p. 48, nᵒ 391.

980. PODESTA (J. Bt.). Cursus grammaticus linguarum orientalium, arabicæ scilicet persicæ et turcicæ. Viennæ, 1686-1703, 3 vol. 4ᵒ. — Le t. III est intitulé : persismus et arabo-persismus.

Vater, nᵒ 280.

981. POEMS from the arabic and persian, with notes by the author of Gebir. — Warwick, 1800, 4ᵒ arer.

Le traducteur anonyme est sans doute Richard Russel, auteur de « Geber, the arabian philosopher. »

982. POSSART. TAALIM TOUTI ZEBAN PHARSI, Oder Grammatik der persischen Sprache, nebst vergleischender Berücksichtigung der mit dem Persischen verwandten Sprachen, namentlich des **sanskrit** und

des Slavischen, und mit einem Anhange zum übersetzen, sowohl aus dem Deutschen im Persische als aus dem Persischen im Deutsche. Ein Lehrbuch für academische Vorlesungen. Herausgegeben von Paul Anton Theod. Possart. — Leipzig, 1834, 8°.

Ib., n° 290.

983. QANOUN zebân farsi ba istekâk wa-i'lâl Kalmat arabieh. Tiflis, 1247 (1832). — D'après Abbas Kuli ben Mirza Mohamed Khan.

(Ibid., t. II, p. 19, n° 241.)

984. QWAÏD al-mobtedi, persian primer. — Calcutta. 1825, 8° (92 p.).

Comp. le mot Rœbuck.

985. QWAÏD pharsi, or rules of the persian grammar. Calcutta school book society, 1819, 4°. Nouv. éd. — Lucknow, 1846, 8° lithogr.

Ib., II, p. 18, n°ⁿ 226, 227 et 231. Comp. le mot Rouchen.

985 a. QWANIN sarf (règles de la flexion). — Calcutta, 1845.

Ibid., n° 230.

986. RADI (Mulla Mohammed), de Tebriz. Hedaïeq al'Aschschaq. Cawnpore, 1847, fol.

Ouvrage soufique, en persan, style orné.

987. RAMDAHAM (Sen.). Dictionary in persian and english. — Calcutta, 1829, gr. 8°.

La 2ᵉ édit. a ce titre :

A Dictionary persian and english compiled chiefly from the *Borhani Qati and Moontajab ool-Loghat* and carefully compared with the best dictionaries of that language. — London, 1830, 8°.

988. RAVERTY (H. G.). The Gulshan i Hoh, being selections prose and poetical in the pushto or afghan language. London, 1860, 4".

989. RAVIUS (Chr.). Specimen lexici arabico-persici-latini. Lugduni-Batav., 1645, in-4°.

990. RAYMUNDI (J. B.), Rudimenta grammaticis persicæ, o. O. u. J. Rome (1614), in-4". — Cf Ebert, n° 18681.

Première grammaire persane imprimée, dit Brunet, à ce mot.

991. RELAND (Hadrian). Dissertatio de persicis vocabulis Talmudis.

C'est la 9ᵉ de ses « Dissertationes Miscellaneæ, partes tres. » Ultrajecti, 1706-8, in-12.

992. RIKAAT Wasséfi. Madras, 1848, in-16.

993. RIKAET Saïd. Calcutta (?).

994. BIKAAT modahakat. Lucknow, 8° (s. d.) lithogr. (76 p.)

V. Zenker, t. II, p. 25, n°ˢ 314-18.

995. Risaleh 'oroudh. Calcutta, 8° (s. d.).

996. Risaleh ilm qwâfi. Lucknow (?.

Ibid., p. 27, n°ˢ 357-58.

997. Richardson (John). Dictionnary persian arabic and english, with a dissertation of the languages, literature and manners of eastern nations. — Oxford, 1777-80, 2 vol. in-fol.

A new edition, with numerous additions and improvements, by Charles Wilkins. — London, 1806-1810, 2 vol. in-4°.

Pour son édition de Hafiz, voir à ce nom.

998. — Vocabulary persian, arabic and english, abridged from Richardson's great Dictionary, by David Hopkins. London, 1810, 8°.

999. Rœbuck (Thomas). The persian primer, an easy introduction in the persian language. — Calcutta, 1819. 8°.

Voir Zenker, I, p. 36, n° 286.

1000. — A collection of proverbs and proverbial phrases in persian and hindostanee language, compiled and translated chiefly by the late capt. Thomas Rœbuck, edited by Wilson, prof. on the University of Oxford. — Calcutta, 1814, 2 vol. 8°.

Pour l'édition du *Boorhani*, voir à ce mot.

1001. Rosen. Elementa persica. Edidit Georg. Rosen. Le second titre porte : hekáiat fârsi, id est narrationes persicæ. Ex libro manuscripto edidit, explanavit grammaticæ brevem adumbrationem præmisit Georg. Rosen. — Berolini, 1843, 8°.

(Ibid., t. I. p. 49, n° 397.)

Rosingweig. Voir Djami.

Ross, traducteur de Sadi, voir à ce nom.

1002. Rouchen. Qwaïd farsi. Calcutta. 1828. (Grammaire persane par Rouchen Ali, de Cawnpore.

Ib., n° 263.

1003. Rousseau (S. A.). The book of knowledge, or grammar of the persian language, by Samuel Rousseau. — London, 1805, in-8°.

1004. — The flowers of persian literature, with an english translation and essay on the language and literature of Persia. — London, 1802, in-4°.

Voir une dissertation (anonyme) sur la littérature orientale. — London, Ewsly, 1771, 8°.

1005. — Mokhtassar loghat farsi. A vocabulary of the persian language in two parts : persian-english and english-persian, by S. Rousseau. — London, 1802, 8°.

1006. Rowlandson (M. J. lieut.). An analysis of the arabic quo-

tations which occur in the Gulistan of Sadi, with persian illustrations of the same, and remarks on arabic grammar. Madras, 1828, 4°.

1007. RUDIMENTA grammaticæ persicæ ad usum seminarii Pata-
vini, 4°. — Patavii, 1789.

Ib., I, p. 37, n° 294.

RUSSELL. Voir Poems.

1008. SADI. The persian and arabick works of Sadee. Calcutta,
1791 et 1795, 2 vol. petit in-fol.

T. I : Containing Risaleh, Golistan, Bostane and Pendnameh;
t. II : Dewan or book of poems, consisting of idils, elegies, odes and
other miscellaneous pieces, but chiefly, of lyric and moral poetry.

Nouvelles éd., Tebrys, 1841, fol. Ibid., 1264 (1848) et Bombay,
1841.

1008 a. — Gulistan Sadi. Ed. Bulâq, 1281 (1844), in-8° (caractère
tâliq). Lucknow, 1264 (1848), lithogr. Calcutta, 1809, 4° ; 1830, 8°;
Agra, 1848, 8°.

1009. — Gulistan ou l'empire des roses, trad. par A. Du Ryer.
Paris, 1634, 8°.

1010. — Musladini Sadi Rosarium politicum, sive amœnum sortis
humanæ theatrum, de persico in latinum versum, necessariisque notis
illustratum a Georgio Gentio. Amstelodami, 1651, in-fol. et 1655,
in-12.

1011. — Gulistan ou l'empire des roses ; traité des mœurs des rois,
composé par Musladini Sadi, prince des poëtes persans, trad. par M.
(d'Allegre). Paris, 1704, in-12.

1012. — Essai historique sur la législation de la Perse, précédé
de la traduction complète du Jardin des roses de Sady, par l'abbé Gaudin. Paris, 1789, 8°.

1013. — Gulistan ou l'empire des roses, traduit par le même. Paris, 1791, 8°.

1014. — Scheikh Sadi persischer Rosenthal, nebst Lokman's Fa-
beln, von J. G. Schummel. Wittenberg, 1775, 8°.

1015. — Sadi der weisen Persers Koenigsspiegel, herausgegeben
von J. G. Grohmann. Leipzig, 1802, 8°.

1016. — Drei Lustgaenge aus Sadis Rosenhain, aus dem persischen übersetzt von B. Dorn. Hamburg, 1827, 8°.

1017. — Spreuken en Voorbeelden von Muslih Eddin Saadi, ge-
trokken uit zijn Rosengaard, von W. Bilderdijk. Rotterdam, 1828, 8°.

1018. — Sadis Rosegarten aus dem persischen durch Dr Philipp
Wolff. Stuttgart, 1841, in-12.

1019. — Moslih eddin Sadis Rosengarten. Nach dem Texte und dem arabischen Commentar Sururi's aus dem persischen übersetzt, Anmerkungen und Zugaben von K. H. Graf. Leipzig, 1846, 8°.

1020. — Select fables from the Gulistan or the Beds of roses, translated from the persian by Stephan Sullivan. London, 1774, in-12.

1021. — Gulistan Sheikh muslih Eddin Sadi Shirazi. The Gulistan, printed from the Calcutta editions, published by Francis Gladwin. London, 1809, 2 vol. 8°.

Le 1er vol renferme la trad. anglaise et le 2e le texte persan.

1022. — Gulistan or Rosegarden of the celebrated Sadi, with an english translation, embellished with notes critical and explanatory by James Dumoulin. Calcutta, 1807, 4°.

1023. — Idem. London, printed by J. Cox, in-8° (1827).

1024. — Parterre des fleurs du cheikh Moslih eddin Sadi de Chiraz, édition autographique, publiée par M. Semelet. Paris, 1828, 4°.

1025. — Idem, traduction littérale, avec notes historiques et grammaticales. Dédié au roi. Paris, 1834. 4°.

1026. — Bag Urdu, or a hindoostani version of persian goolistan... The Rosegarden of Hindoostan, translated from shayk Sadee's original nursery; or persian Goolistan of Sheeraz, by meer shel Ulee Ussos, under the direction of John Gilchrist. Calcutta, 1802 2 v., gr. 8°.

1027. — The Gulistan or Rosegarden of Musle-Huddeen Schaikh Sadi of Sheeraz, translated into english by James Ross from the persian text of Gentius, together with an essay on Sadis life and genious. London, 1823, 8°.

1028. — Kitab Gulistan Sheikh Sädi. Boulaq, 1244 (1828), 8°; 2nd ed. 1257 (1841). Tauriz, 1824, 8°. Calcutta and Cawnpoor, at the Asiatic lithographic press, 1830, 8°.

1029. — Sharh Gulstan (Commentaire turc sur le Gulistan de Sadi, par Soudi . Constantinople, 1249 (1833), fol.

Selections from the Gulistan and Boostan of Sadi. Fort William, 1809. fol.

1030. — The Gulistan or Rosegarden by Muslahudden Sady of Sheeraz, with an english translation and notes, by F. Gladwin. Calcutta, 1806, 2 vol. 4°. New ed. corrected and edvised. London, 1838, 8°.

1031. — The Gulistan of Sadi. edited in Persian, with punctuation and the necessary vowel marks, for the use of the college of fort William, by A. Sprenger, M. D. Calcutta (mission. press), 1851, 8°.

1032. — Diwan Sadi. Calcutta, 1809, 4".

1033. — Sharh Gulistan. Delhi, 1848, et Calcutta, 1837.

1034. — Gulistan, to which is added a Commentary with a dictionary of words und meanings Bombay, 1844, fol.

1035. — Trad. arabe du Gulistan, par Mukhalla Djebraïl ibn Youssouf al-schehir. Boulak, 1263 (1846), 4°.

1036. — The Gulistan of sheikh Sadi of Shiraz; a new edition, carefully collated with the orig. mss. by E. B. Eastwick. Herfort, 1850, 8°.

Ibid., traduction, 1852, 8°.

1037. — Boostan (sic), by Sheik Muslahuddeen Saudee of Sheeraz. To which is added a compendious commentary togeher with a Dictionary of such words as are hard of meaning. Now first compiled expressly and composed for this edition by Moolvy Junmuzuddin. Calcutta, 1818, 4° (lithogr.).

Autres édit. du texte : Tauriz, 1247, 8"; Serampore, 1832, fol. Houghly, 1264 (1847). Lucknow, 1265 (1848). Calcutta, ibid., fol.

1038. — Selections from the Boostan of Sadee, intended for the use of students of the persian language by Forbes Falconer. London, 1838, in-12 (lithogr.).

1039. — The saint and the sinner, a tale from the Bostan of Sadi, translated and accompanied by the original persian the various readings of 12 mss. and notes by Forbes Falconer. London, 1839, 8°.

1040. — Mosliheddin Sadi's Lustgarten (Bostan); übersetzt von Dr K. H. Graf. Jena, 1850. 2 vol. in-12.

1041. — Le Boustan de Sadi ; texte persan avec un commentaire persan, publié sous les auspices de la Société orientale allemande par Ch. H. Graf. Vienne, 1858, 4".

1042. — Der Fruchtgarten von Sadi. Aus dem persischen auszugsweise übertragen durch Ottokar Maria Freiherrn von Schlechta Wssehrt. Wien, 1852, 8°.

1043. — Moslih eddini Sadii concessuum tertius et quartus, ad fidem codicis Vratislaviensis primum editi, cum editione Calcuttæ collati, adnotationibus et criticis et exegiticis instructi. Dissertatio inauguralis quam... in academia Viadriana Vratislaviensi ad summos in philos. Honores capessendos... publice defendet auctor Mauritius Guedemann Hannoveranus. Breslau, 1858, 8°.

1044. — Pend Nameh Sadi. Agra et Lucknow (s. d.).

1045. — Pundnameh, a compendium of ethic, translated from the persian of Sadi of Shiraz into english (by Fr. Gladwin). Calcutta, 1788, 12.

1046. — Specimen academicum Pendnameh, sive liber consiliorum sheikh Musliheddin Sadi Schirazensis persice, interpretatione latina notisque illustratum sistens, quod venia amplissimae facultatis philos. ad imperialem universitatem Alexandream in Fennia p. p. Gabriel Geitlin phil. Dr. Helsingforsiæ (s. d.`, 8°.

1047. — 'Aqed Manzoum. Poetry, n° IV. Being a selection from the Bostan of Sadi For the examination of military officers by the Higher Standard. Edited by the Mawlawi Kabir Al-din-Ahmad. 2nd ed. Calcutta, 1870, 8° (Lees' persian series, 8).

Presque chaque année, il parait une nouvelle édition de ses œuvres.

1048. Safwat mesadir (les verbes). Lucknow, s. d. lithog. 22 p. 8".

Ibid, n° 225. — 2° éd. Akberabad, 1858 (tableau des verbes à l'usage des commençants).

1049. Sagi (Mohammed) Mustaidd Khan. Macir 'Alemguiri, edited by Mawlawi Aga Ahmad Ali. Part I–V. Calcutta, 1870, 8°.

(Catal. Trübner, 1874, p. 9.)

1050. Saïb. Intehab diwân Saib. Lucknow, 1845, 2° éd. 1848.

Pour ces extraits, voir Hadji Khalfa, n° 5506.

Saïd. Voir Rikaat.

1051. Salimi (Mohammed). Moinul Alfarze (petit dictionnaire arabe-persan). Bombay, 1277 (1860), 8".

1051. Sarrazin (Cte Ad. de). Bardouc, ou le pâtre du mont Taurus, traduit sur un ms. persan. Paris, 1814, 2 vol. 8". Nouv. éd. 1825, avec fig.

1051 a. — Le Caravanserail, ou recueil de contes orientaux, traduit sur un ms. persan. Paris, 1810, 3 vol. 8". Nouvelle édition, 1825, 2 vol. avec fig.

Traduction hollandaise (anonyme). Groninge, 1808, 8".

Voir J. E. Brill, Feestgave, Bœefening, etc., p. 31.

1052. Sarf mesadir (conjugaison des verbes en persan. — Bareilly, 1849, 8". — Ib., II, p. 18, n° 224.

1053. Samachschari. Kitab moqdameh abadab lidjar Allah al-'olameh Abou'lkasim. Lexicon arabicum-persicum, ex codicibus manuscriptis Lipsiensibus oxoniensibus Vindobonensi et Berolinensi edidit atque indices arabicum et persicum adjecit Joannes Godofredus Wetzstein. Lipsiae, 1844-45, 2 parts in-4".

Sanbalistan. Vor. Hargopali

Schummel, traducteur de Sadi. Voir à ce nom.

Schuuri. Voir Chuouri.

1054. Saulih. A Grammar of the three principal oriental languages, hindoustanee, persian and arabic. To which is added a set of persian dialogues, composed for the author of Mirza Mohammed Saulih o Shiraz; accompanied with an english translation by William Price. — London, 1823, 4°.

Ibid., I, p. 36, n° 287.

1055. Schabnem Schadab (Compositions en prose). Lucknow, 1845, 8°, 56 p.

Ib., II, p. 27, n° 362.

1056. Schahbistris (Mahmud). (Les fleurs de roses du secret), en persan et en allemand, trad. par M. Jos. de Hammer. Vienne, 1838 gr. in-fol.

1057. Schadjret al-Imäni. (Les règles et les exceptions de la grammaire persane). — Lucknow, 1841, lithog. (20 p.).

Ibid, II, p. 18, n° 223. comp. le même titre au mot Mirza Katil.

1058. Schakir (Ahdarrahman Kan). Gulistan musirret (le jardin du plaisir, ou explication versifiée de toute la terminologie soufique), Cawnpore, 1267 (1850), fol.

V. Catal. Trubner, 1869, p. 40.

1059. Scharh Tohfet al-manzoumet eddarich fi logat al-farsieh. — Constantinople, 1237 (1821).

Commentaire sur le Tohfet al-Manzoumet, c'est-à-dire le cadeau rimé brillant. Dictionnaire de la languë persane de la cour, expliqué en turc.

Ibid, t. II, p. 5, n° 60.

1060. Schems Eddin. Hodaïeq al-Belaghet. The powers of eloquence being a treatise of the rhetorik, poetry and rhyme of the Persians by Meer Shums ood deen Fukeer of Delhee. Corrected for the press and published under the patronage of the college of Fort William, by Mola vees Jan Ulee and Abdoor Raheem. Calcutta, 1814 8° et Lucknow, 1263 (1847), lithogr.

Ibid, n° 343 et II, n° 293.

Un extrait de cet ouvrage a été publié par M. Garcin de Tassy au Journal asiatique, 1844, t. III.

Schlechta-Wssherd, traducteur de Sadi. Voir à ce nom.

1061. Schevket. Gasel aus dem persischen Dichters, trad. de Hammer.

Dans Fundgruben des Orients, t. IV, p. 338.

1063. Shirwany (Ahmad). Almenaqeb al-Heidrich. The praise of Ghazi aldyn Haydar. Lucknow, 1235 (1819), petit fol.

Sprenger, préface, p. V.

1062. SCHIER. Specimen editionis libri Nasireddini Tusensis qui inscribitur : *Ihlâq nasseri der hekáïat karhaï denia wahereth.* De moribus ad Nasirum, e codice Dresdano descriptum a Carolo Schier. Dresdae, 1841, 1 cahier; in-fol. (lithograph.).

(Zenker, 1, p. 165, n° 1353).

1064. — Ibn-Jemins Bruchstücke aus dem persischen. — Wien, 1852, in-8°.

SCHEMS-AL-LOGAT. Voir Baretto.

1065. SCHULTZE (Martin . Handbuch der persischen Grammatik, Chrestomathie und Glossarium. — Elbing, 1863, 8°.

1066. — Selections, descriptive, scientific and historical, translated from English and Bengalee into persian for the use of native youth. Compiled and published under the authority of public instruction. Calcutta, educ. press., 1227, 8°.

(Ib.. I, p. 49 n° 392.)

SCHAQRUH, Voir Abdal-Moumen.

1067. SELIM (Monshi Mohammad). Mo'in all-ilfaz. A persian vocabulary to the Gulistan, Bostân, Sekander Nameh, Yussuf and Zuleika, etc. Bombay, 1277 (1860), gr. 8° (60 et 14 p.)

Catal. Trubner, 1869, p. 64.

1068. SILVESTRE DE SACY. Commentaire sur le Tohefi Vehbi.

Magasin encyclopédique, 9° année, 1803, t. IV.

Pour sa traduction de Ferid-Attar, Firdousi, Mirkond, etc., voir ces noms.

1069. SINOWJEW (J.). Epitcheskie skazanie Irana. (Poésies épiques d'Iran, en russe). Saint-Pétersbourg, 1856, 8°.

Zenker, II, 110, n° 1378.

1070. — Sittensprüche eines persischen weisen; aus dem persischen übersetzt. — Wien, 1799, 8°.

1071. SPIEGEL (Fr.). Einleitung in die traditionellen schriften der Parsen. Leipzig, w. Engelmann, 1856-60, 2 vol. in-8°.

1072. — Grammatik der Parsisprache nebst Sprach-proben, von Friedr. Spiegel. — Leipzig, 1851, 8°.

1073. — Die persische Sprache und ihre Dialecte. — Dans A. Hoefer, Zeitschrift für die Wissenschaft der Sprache (Berlin, 1846, 8°), t. I. p. 56-79.

1074. — Chrestomathia persica, edidit et glossario explanavit Frid Spiegel. Lipsiae, 1846, 8°.

SPRENGER, éditeur de Sadi. Voir à ce nom.

1075. SPLIETH. Qwaïd wadwabit zebàn fàrsi. Grammaticæ persicæ precepta ac regulæ quas lexico persico Ferhengi Reschidi præfixas e duobus codicibus, uno Rœdigeri altero bibliothecæ regiæ Berolinensis, scripsit et edidit Dr Splieth. — Halis, 1846, 4°. (51 p.).

(Ib., II, p. 18, n° 229.)

1076. STADLEY (G.). Introductory grammatical remarks on the persian language, with a vocabulary english and persian. Bath, 1776, 4°. (Vater, p. 281).

STICKEL. Voir Ali.

1077. STEWART. Original persian letters and other documents with facsimiles, compiled and translated by Charles Stewart. esq. F. R. L. L. and R. A. S. Professor of oriental languages, east India college, etc., etc. — London, 1825, 4".

(Voir Watt, Bibliotheca britannica, à ce mot.)

SEMELET, traducteur de Sadi. Voir à ce nom.

SOHAILI-ANWARI. Voir à Anwari-Bidpaï et Lees.

SOUDI. Commentaires sur Hafiz et sur Sadi. Voir à ces noms.

SULLIVAN, traducteur de Sadi. Voir à ce nom.

1077 a. SYNTIPÆ philosophi persae fabulæ LXII, græce et latine; ex duobus codicibus mosquensibus primum edidit et animadversiones adjecit Christ. Frid. Matthæi. Lipsiae, 1781, 8°.

Version grecque moderne. Venise, 1805, 8°.

Version allemande du Rab. Landsberger. Posen, 1859, 8°.

Comp. une dissertation d'Andreopule, éditée par Boissonade, sur ce fabuliste. Paris, 1828, 8°.

Le Syntipas, dit Brunet, parait avoir été puisé à la même source que les paraboles de Sendabar. Comp. Hammer, Jahrbücher der literatur (Wien) 1840, t XC, p. 36-129. Comp. Bidpai.

1078. TAFAZZOL HOSSAIN. Hodaiat-Assobian, or persian primer (Lees persian series, n° 2). Calcutta, 1866, in-12 (28 p.).

1079. — Gulschen Sabian, or persian reader. 3d ed. (Lees' persian series, n° 3). Calcutta, 1868, in-12 (80 p.).

V. Catal. Trubner, 1874, p. 5

1080. — TOHFET AL-ORFAN (sufic poetry). Lucknow, 4". (s. d. 12 p.). Catal. Trubner, 1869, p. 39.

1081. TANDJISS al-logha, or discrimanation between words, similar in form, but different in sens. Calcutta, 1826, 8°.

(Ibid. I, p. 44, n° 352).

TCHEHAR. Voir à Nissar.

TAWUSI. Voir au mot Dieu.

1082. TAQWIAT ASHSCHARA. (Règles de la prosodie). Lucknow, lithogr. (32 p.).

1083. TAQVIM ALASCH'AR. Arcot (s. d.), 8°.

Zenker, II, n. 27.

1084. TARASSAL NISAB. Tebriz (s. l. n. d.).

V. Zenker, t. II, p. 27, n° 351.

1085. TASCHRIH al-Herouf. (Grammaire persane en vers). — Lucknow, 1266 (1849), lithog. (12 p.)

1086. TAYLOR (J. H.). Montcheb allogât. An arabic and persian lexicon, originally compiled by Abdoor Rushed bin Abd ul-Ghufoor al-Hosuenee, under the title of Moontukhund al-Loghat and now corrected revised and alphabetically arranged, with the assistance of learned natives under his superintendance. Calcutta, 1816, 4°.

1087. TEKTECHAND BEHAR. Mostelhât behar' adjem (Dictionnaire persan). — Lucknow, 1847, 8°. — Dehli, 1853. 2 vol. 8°.

Ibid., II, n° 51.

1088. — ISTAL AL-DEROUREH (Anomalies de la langue persane). — Dehli, 1268 (1851) lithogr.

Ibid., p. 16, n° 203.

1089. THOMPSON (W. F.), esq. of the Bengal civil service. Practical philosophy of the Muhammedan people, exhibited in its professed connexion with the european, so as to render either an introduction to the other; being a translation of the Allak i-Jalaly the most esteemed ethical work of middle Asia, from the persian of fakir Jaany Muhammad Assarb (with references and notes). Printed for the oriental translation fund. London, 1839, 8°.

(Zenker, I. p. 105, n° 1352).

1089 a THONNELIER (J.). Kitabi Kulsum Nameh, ou le livre des dames de la Perse, contenant les règles de leurs mœurs, usages et superstitions d'intérieur; ouvrage traduit pour la première fois en français sur la version anglaise du manuscrit original persan, publié à Londres; précédé d'une introduction et accompagné des principales notes du traducteur anglais, augmenté de nouvelles. Paris, 1845, 8°.

Voir ci-dessus, au mot ATKINSON.

1090. TOGRA. Risail Togra (Collection de lettres,. — Lucknow, lithogr.

Ibid., I, p. 26, n° 343.

1091. TREATISE on persian writing, illustrated by Copperplates intended to facilitate the acquirement of the art of writing the Nustaluk character with elegance and correctness. — Calcutta, (s. d.).

Voir Hammer, journal asiat., juillet 1833, p. 5o.

1092. TUCKER (Wit. Thornhill). — A Pocket-Dictionary of english and persian. — London, 1850, in-12.

UFSOS. traducteur de Sadi. Voir à ce nom.

1093. ULLAH HOSAINI. Rikaat. — Lucknow et Calcutta (s. d.), lithogr. (32 n.).

Ibid., nos 312-13.

1094. URFI. Qasaïd. — Calcutta, 1254 (1836). (Kasidas de Djamal eddin Urfi). 2° édition. Lucknow, s. d., et Calcutta, 1839, in-fol. avec commentaire.

(Catal. Trubner, 1869, p. 40).

1095. URY. Epistolæ turcicæ et narrationes persicæ editæ ac latine conversæ a Johanne Ury. Accedit appendix de litterarum apud Persas inter se permutatione. — Oxonii, 1771, 4°.

1096. VEHBI. Dictionnaire poétique persan-turc. — Boulak, 1830. In-8°.

La première édition, rare, est de Constantinople, 1213 (1798). Pour le commentaire du Tohfet Vehbi, voir à Silvestre de Sacy.

1097. VIKAR. Diwan. — Lucknow, 1268 (1847), lithogr.

Ibid. II, p. 40, n° 532.

1098. VISAL. Tardjia bend. — Bombay, lithogr. (s. d.), 16 p.

Ibid., p. 42. Comp. Wakhschi.

1099. — Ta'azieh. Elégie sur la mort de Hussein. — Bombay (s. d.).

1100. — Vocabulary english and Persian fort the college at Fort William in Bengal. — Calcutta, 1800, 4°.

Ibid., I, page 13, n° 78.

1101. VULLERS (Io.-Aug.). Institutiones linguæ persicæ, cum sanscritâ et zendicâ linguâ comparatæ. Gissæ, 1840-50, 2 part in-8°. Nouv. édit. Gissæ, 1870.

Ibid., I, n° 291 ; II, n° 251.

1102. — Chresthomatia Schanamiana in usum scholarum edidit annotationibus et glossario locupleti instruxit Joann. Aug. Vullers. — Bonnæ, 1833, in-8°.

V. Journal des Savants, Silvestre de Sacy, 1833, p. 719 et 1834, p. 207.

1103. — Lexicon persico-latinum et etymologicum cum linguis maxime cognatis sanscritâ et zendicâ et pehlevica comparatum, e lexicis persice scriptis Borhani-Qatiæ, Hoft Qulzum, et Bahari-Agam, et persico-turcico Farhangi-Shuari confectum, adhibitis etiam Castelli, Meninski, Richardson, et aliorum operibus et auctoritate scriptorum persicorum adductum. Accedit appendix vocum dialecti

antiquioris Zend et Pazend dictæ. — Bonnæ, 1855-1864, 2 vol. 4°.
— Suppl.. 1867.

Zenker, t. II, p. 6, n° 64.

1104. WAKHSCHI. Held bariin, edited by W. N. Lees (persian series 6). — Calcutta, 1861, 8°.

1105. — Forhad waschirin : Mesnewi par Wakhschi et un autre par Visal. — Bombay (s. d.), lithogr.

Ibid. II, p. 42, n° 559.

Voici le titre de la version allemande :

1106. — Schirin, ein persisches romantisches Gedicht nach morgenlaendischen quellen von Jos. von Hammer. — Leipzig, 1809, 2 vol. 8°.

1107. WARNER. Miselhaï Ziân farsi, proverbiorum et sententiarum persicarum centuria. Collecta et versione notisque adornata a Levino Warnero. — Lugduni Batav., 1644, 4°.

Ibid. I, p. 52, n° 421.

1108. WALTON (Brian). Dissertatio de lingua persica et sanctæ scripturæ versionibus persicis.

Dans les Prolegomena ad Biblia polyglotta, London, 1657, in-fol. — Ces Prolegomena ont aussi été publiés à part, à Leipzig, 1777, in-8°.

1109. WASSAF. Manteheb diwan. (Extraits du Divan). Madras, 1848, 8°.

Ibid., II, p. 110, n° 55.

1110. — An die geliebte, aus dem persischen Wassaf's (texte et traduction), par V. von Rosenzweig. — Dans Fundgruben des Orients (1813), t. III, p. 275.

1111. — Algukaan's des Kaisers der Mongolen Verse auf den Tod Kergana's. — Aus Wassaf's persischer geschichte, t. I.

1112. — Klage Wassaf's auf den Tod der Fürstinn Ibisch Atabeg aus dem Hause Salikar.

Ibid., t. II.

Dans Fundgruben des Orients, t. VI (1814), p. 437-8.

1113. WESTON (Stephen). Specimen of the conformity of the european languages, particulary the english with the oriental languages especially the persian in the order of alphabet. — London, 1863, 8°.

Zenker, I, p. 36.

1114. — Persian recreations or new tales with explanatory notes on the original text, and curious détails at two ambassadors to James I and Georges III, by Steph. Weston. — London, 1812, 12°

Ibid., n° 389.

1115. WESTON (S.). Rajah Soobah Sing, spirited remonstrance to the emperor Aurungzebe, in persian and english, with notes. — London, 1853, 4°.

Zenker, II, p. 110, n° 1375.

Wetzstein. Voir à Samachschari.

Wickerhauser. Voir à Djami.

1116. — Beit Leifeh. Persian Distichs, or Florilegium persicum, from various authors in which the Beauties of the language are exhibited in a small compass, and may be easely remembered. By Steph. Weston. — London, 1814, 8°.

Ibid., n° 390.

1117. — Moral aphorisms in Arabic and a Persian commentary in verse.... with specimens of persian poetry. — London, 1805, 8°.

Ibid., n° 384.

Pour ses Persian Recreations, etc., voir au chap. Ier.

1118. Wilken (F.). Institutiones ad fundamenta linguæ Persarum, cum chrestomathia maximam partem ex auctoribus ineditis collecta et glossario locupleti edidit. — Lipsiæ, 1805, 8.

Ibid., n° 284.

1119. — Auctuarium ad chrestomathiam suam persicam locorum ex auctoribus persicis quæ illa continent interpretationem latinam exhibens. — Lipsiæ, 1805, gr. 8°.

Wilkins, éditeur de Richardson. Voir à ce nom.

1120. Wis wa râmin. An ancient persian poem, by Fakr Al-Din, Asad Al-Astarabadi, Al-Fakhri, Al-Gurgani. Edited by capt. N. Lees and Munshi Ahmed Ali. Calcutta, 1865, 8°.

Catalogue Trubner, 1874, p. 15.

Wolf (Philippe), trad. de Sadi. Voir ce nom.

Wahl. Voir Firdousi et Izmet.

1121. Yousoufi. Badia Al-Inscha. (Art épistolaire). — Delhi, 1843, 8°.

Ibid., II, p. 27, n° 352.

1122. — Tohfet alnecaia (Gift of good advice. Bombay, 1283 (1866), 4°.

Yule. Voir Ali.

1123. Zahuri. Sah naçr. (Trois compositions en prose). — Lucnow, 1846, 8°.

1124. — Scharh sah naçr. (Commentaire sur le précédent). — Madras, 1846.

Ibid., n° 361.

1125. — Saqi nameh. (Chansons). — Lucknow, 1849, 8°.

Ibid., n° 540.

1126. Zanolini (A.). Rudimenta grammaticæ persicæ. — Patavii, 1747, 4°.

Voir Vater, p. 281.

1127. Zenker (Th.). Dictionnaire turc-arabe-persan. — Leipzig, 1864, fol.

CARTES

CELLES QUI FONT PARTIE D'OUVRAGES DÉJA CITÉS NE SONT PAS DÉSIGNÉES ICI.

1128. Arrowsmith. — Persia, 1825, fol.

1129. Bellin. Carte des côtes de Perse. — 1740. 4°.

1130. Blair (A.). Esquisse de l'angle S.-E. de la côte de Perse. — An VIII, 4°.

1131. Blau. Persia sive Sophorum regnum (s. l. n. d.).

1132. Brucks. Chart of the coast of Persia from kooe Mubarrack to Kurachee surveyed by Brucks and Haines 1829, (revised in 1862). — London, 1862, 1 feuille (n° 38) hydrographical office.

1133. — Mekran coast from Kurrachee to Gwadur with lieut. Ross route from Gwadur to Kurrachee (1867). 1 feuille (13 mille 1/2 au nome anglais).

1134. Carte russe du cours inférieur de l'Auson Amou. Darca, 1862, fol.

1135. Cantelli da Vignóla. Regno di Persia, 1679.

1136. Carg (J.). Nouvelle carte de la Perse, d'après les meilleures autorités. — London, 1819. 1 feuille.

1137. Erué et Balbi. Carte de la Perse et des contrées limitrophes. Voir Annales des Voyages, t. 33. p. 133.

1138. Carte de l'ancienne Perse en XX satrapies. 4", s. l. n. d. (Anon.).

1138 a. Carte du golfe de Bassora golfe persique), 1269 (1853). — (A l'École des langues orientales).

1139. Carte la plus exacte du royaume de Perse. S. l. n. d.

1140. Carte nouvelle de la Perse. S. l. n. d., signée D. P.

1141. Dezauche. Carte de Perse pour le voyage de Chardin, 1807, fol.

1142. Duval. Partie méridionale de la Perse.

1143. Duval (Fer.) Le grand royaume du Sophi de Perse (s. l. n. d.).

1144. DELISLE. Carte de la route de Zurabeck à Ispahan, 1722, 4°.,

1145. — Carte de Perse dressée pour l'usage du roi par Delisle, premier géographe de Sa Majesté. — Paris, 1785, 1 feuille.

1146. EICHARD. Persien nach seinem neuesten Zustande (en partie orientale et partie occidentale). Weimar, 1804. 1 feuille.

1147. GOLFE persique. Plan de Basiduh, d'après Constable. — Mouillage nord-est de l'île Gays, Abou-Thabi, baie Khor-Fakan, d'après Constable. — Charek-Kasin et parties environnantes. — Ile et mouillage Hensam, d'après les cartes anglaises. — Paris, dépôt de la marine, 1870.

1148. HANDTKE (Oberlieut. Geo). General Karte des persischen Reiches. — Glogau, 1860, gr. fol. Echelle 1/350,000.
| Schmidt, Bibliotheca historico-geog., I, p. 66.

1149. HOMANN. Persicarum provinciarum tabula, Kilaniæ, nempe Chirvaniæ, 1728, fol.

— Verschiedene Prospecte der vornemsten Staedte Persiens. (s. l. n. d.).

1150. KANTZ. Golfe persique. Plan de Basiduh, d'après Constable. — Paris, 1870, fol.
(Dépôt des cartes et plans de la marine.)

1151. — Ports et mouillages dans le golfe Persique. Plan des îles Kharg et Khargu, Abou Shehr ou Bushire; mouillage de Sheyhk Shayb; port al-Bidda; gravé par Kantz d'après Constable. — Paris, 1870, fol.
Même dépôt.

1152. Idem, d'après les cartes anglaises. Charek-Kesin et parties environnantes. Ile et mouillage de Henj'm. — Mouillage nord-est de l'île Gays, Abou-Thabi, baie Khor-Fakan, par Kantz, d'après Constable, 1870.
Même dépôt.

1153. KHANIKOFF (N.). Map of Aderbeijan compiled principally from personal observations and surveys made in the years 1851-55, and based upon all the points hitherto determined. Drawn and engraved under general direction of H. Kiepert. Scales 1/800,000. — Berlin, 1862, gr. fol.

1154. KIEPERT (H.). Ubersichtskarte der Reise der K. preuss. Gesandschaft in Persien in den J. 1860, u. 1861, nach den Angaben von dr H. Brugsch entworfen u. autografirt. Maasstab 1/200,000. — Leipzig, 1862, gr. fol.
(Muldener, Biblioth. Geogr. Statistica, II, p. 138.)

1155. Lapie. Carte des pays compris entre Constantinople et Teheran, pour servir à l'intelligence des voyages de M. Le Chevallier
Jaubert en Arménie et en Perse. — 1821, Paris, fol.

Cette carte est la première où M. Lapie ait résumé les matériaux fournis par l'ambassade française de 1807. Elle a été l'objet d'un mémoire analytique placé à la suite du voyage p. 465-480, sous ce titre :

1156. — Notes de M. le chef d'escadron Lapie, sur la carte qui
accompagne le voyage de M. Le Chevallier Jaubert en Arménie et en
Perse.

1157. Long. The eastern part of the ancient Persia. 1831.
fol.

1158. — Persia with part of the ottoman empire. 1831. fol.
Marian Persia (s. l. n. d.). fol.

1158 *a.* Map. of the persian gulf. 1709, fol.
Catal. Merlin, 1871, no 240.

1159. Ottens (R. N. J.). Perse, Turquie, Russie.
Regnum persicum, imperium turcicum in Asiâ. Partie N. O. de
la Perse (en russe.).
(Dépôt de la guerre russe.).

1160. Persici Sophorum regni typus. (s. l. n. d.). fol.

1161. Rottiers. Carte topographique de la carte d'Erivan à Tauris dressée par le colonel Rottiers, d'après les levés faits en 1812 par
des officiers anglais au service de la Perse. 1 feuille manuscrite en
russe.
(Catal. Labanoff, p. 477.).

1162. Reichard (Ch. G.). Karte von Persien. — Weimar, 1804.
Gravée et coloriée.

1163. Reland. Imperii persici delineatio ex scriptis, etc. 1705.

1164. Rossi (G. G. de). Regno di Persia con le notitie, etc. —
1679, fol. (Parma).

1165. Sanson. Empire du Sophi des Perses, 1652, fol.

1166. Speede. The Kingdom of Persia with the cheef localities,
etc. fol. (s. l. n. d.).

1167. Sutherland. Partie de la Perse, Georgie, Arménie. — 1833,
gr. aigle.

1168. Tirion (Isaac). Nieuwe Karte von Tryk von Persie. fol.
(s. l. n. d.).

1169. Vincent. Perse, carte d'Anville, 1800 fol.

1170. Vivien. Carte générale du royaume de Perse. — 1825, fol.

1171. Wahl. Neue Karte des persischen Reichs, fol.

1172. WIT (Fr. de). Nova carta Persiæ, Armeniæ, etc., fol. (s. l. n. d.).

1173. ZIMMERMANN. West Persien u. Mesopotamien. 2 fol.

MANUSCRITS.

1174. — A la bibliothèque d'Angers, selon le catalogue Lemarchand, n° 599 : Fragment d'un voyage en Arménie et en Perse (in-8° sur papier), par Eugène Boré. 24 feuillets autographes.

Lu à la Société industrielle le 4 avril 1842.

1175. — A la bibliothèque de Berlin, legs Diez, n° 55 ;. Riasi. *Destor ol-amel* (règles d'actions), ou recueil de proverbes persans.

Comp. ci-après, Collection Sprenger.

1176. — A la biblioth. de Carpentras (Catal. Lambert, I, n°s 560-4, p. 381-3) : Relations de Daniel Barbaro et de Vincent d'Alexandrie, en italien, sur les guerres des Persans en 1553 et en 1572.

1177. — A la bibliothèque de Chaumont, n° 25. (Haenel, p. 139.) : Antiquitates illustrium gentium Persarum, Ægyptiorum, Atheniensium, collectæ ex antiquis et classicis auctoribus; XVII° s., 4°.

1178. — A l'Escurial, près Madrid, le n° 1816, fol. (selon Casiri, II, p. 343) : Version persane des 4 Evangiles. — Le ms. est remarquable par l'appendice historique de la main de P. Jeronimo Xavier.

1179. — Ibid. n° MDCCXIV (p. 160). Kitab matla alanwar, ortus luminarum, par Djami.

1180. — A Florence, Bibliothèque Capponi, § XVI, n°s 1762 et 1956 : Successi della guerra fra Persiani o Teurchi dal 1577 fino al 1581, codice 82, n° 7. (Migne, p. 730 et 805).

1181. — N°s 1917 à 1920. (Ibid p. 802.) Relazione di regno di Persia.

Les deux premiers sont imprimés dans les Relazioni venete d'Alberi, série 3, t. I et II. Le 1er qui se rapporte à l'an 1553 est au codice 6, car. 255-358.

Le 2e pour l'an 1574 est au ms. 82, n° 25, et se retrouve au ms. 131, car. 21. Le 3e se rapporte à 1579, ms. 81, n° 3. Enfin, le 4° qui est la relation d'Angiolo Tron, se trouve au ms. 214, car. 131-172.

Comp. n° 2074 de celle du Vatican à Rome (Migne, p. 1212).

1182. — L'on retrouve le même à Milan, Bibliothèque Ambrosienne. Mss. (Migne p. 882).

1183. — A Gotha, bibliothèque ducale, les mss. persans sont au nombre de 276 et ont été décrits par le Dr Pertsch (Vienne, 1859, 8°).

Parmi les 15 sections consacrées à ces mss., le § 8 d'histoire et géographie (p. 46-58), comprend les nᵒˢ 24 à 34.

1184. — A Hafn, Bibliothèque royale, on remarque les mss. suivants : Djihangirs Nameh, ou vie de Selim Nureddin Muhammed Djihanguir, fils d'Acbar, composée en 1071.

1085. — Vie d'Abulfetah Djelaleddin Muhammed Acbar (en 2 vol.).

1086. — Histoire de Tamerlan, par Scherif eddin Ali Yezdi.

1187. — Histoire anonyme, en vers, du Shah Sofi, neveu de Shah Abbas I.

1188. — Astronomie et géographie mathématique de Nassir eddin Thusi.

1189. — Histoire d'Aurengzib, par Muhamed Saki.

1190. — Chronique de Schemschir Khan, sorte d'Abrégé de Firdousi.

On y voit en outre : un lexique persan, par Djemal-eddin, de l'an 1076, l'Ayin Acberi ; le livre célèbre de la création, par Alkazwini ; l'Anvari Soheili; les poésies de Djami, de Sadi, de Hafiz, celles de Feth-Ali et de Chumazi; enfin deux recueils de portraits gravés des plus célèbres personnages de la Perse.

Comp. Designatio præstantissimorum optimæque notæ quorundam, historici maxime argumenti, bibliothecæ regiæ Havniensis codicum, persice et arabice mss. (aD. D. Rasmussen.), dans Fundgruben des Orients (Wien, 1813), t. IV, p. 325-26.

1191. — A la Bibliothèque de la Rochelle (Haenel, p. 413) : Les Aventures de la cour de Perse ; roman attribué à la princesse de Conty. Folio.

1192. — A la Bibliothèque de Liverpool, sans nᵒ⁰.

(Migne, p. 113).

1193. — A persian poem by Hafiz.

1194. — A persian poem, without title.

1195. — Two persian mss., on indian paper.

1196. — A la bibliothèque du British museum, à Londres, fonds kings library (Migne p. 130) :

P. 308. Relatione diverse di Turchia, Persia, Polonia, etc.

P. 312. Relacion de algunas cosas hechas en la Persia por los Padres carmelitas descalços, desde el anno 1609 hasta 1616.

1197. — Ibid., fonds Landsdown, nᵒ 1238 folio 5ᵉ section 17 (selon le catalogue Ellis, 1819), version latine d'une lettre du roi de Perse au roi

William III, demandant la restitution des biens appartenant à des marchands de Julfa qui ont été capturés par le navire le Galian (s. d.)

1198. — Ibid., n° 1245, 8°. Un traité d'astronomie en persan, avec le tableau des étoiles fixes.

1199. — A la Bibliothèque du Louvre (brûlée le 23 mai 1871), il y avait sous le n° 341 (selon le catalogue Paris) : Manuscrit persan du Shah Nameh, écrit en lettres de différentes couleurs, sur papier de Chine, orné de peintures rehaussées d'or, arabesques et fleurons très-riches, or et azur ; reliure orientale.

Offert au roi Louis-Philippe.

1200. — A la Bibliothèque de Middlehill, dans la division VI des manuscrits, fonds Chardin, il y a (selon Hœnel, p. 819), le ms. suivant, n° 872 :

Res gestæ ante regnum Ahmedis Khan (turcice).

1201. — Ibid,, n° 949 (ou n° 188 dans Haenel, p. 821). Pioposizione dei Persi a Benedetto XIII.

1202. — A Montpellier, Bibliothèque de l'Ecole de Médecine, n° 100, in-folio sur papier du xiie siècle :

Relation du voyage de Perse, par M. de Mouheron en 1641.

Provient de la bibliothèque Albain, n° 1274. Catalogue général des mss. des bibliothèques des départements, t. I, p. 322.

1203. — Ibid., n° 200, petit in-4° sur papier du xviie siècle (Ibid., p. 364) :

Poeme persan sur la vie contemplative des Sophis, accompagné d'un commentaire en prose également en persan.

Le titre du poème est Gulschen-raz, ou Jardin des mystères. L'auteur est Mahmoud, de Djebester, près Tauriz. Le comment. est de Mohammed fils de Yahya, du Guylan. Ce poëme très-rare et très-recherché a été publié par M. de Hammer à Vienne (1838-40) en persan et en Allemand.

1204. — Ibid., n° 201, gr. 8°, sur papier du xviie siècle : Divan ou recueil des poésies de Hafiz, célèbre poëte persan de la fin du xive siècle. Sur Hafiz voir Biblioth. d'Herbelot ; c'est un mot arabe signifiant « conservateur, gardien ».

1205. — Ibid., n° 202, in-8°, sur papier du xviie siècle : Recueil de poésies en persan.

Le commencement manque. On lit à la fin :

« L'auteur de ce livre est le roi des poëtes Nedjem eddin Abd A ouassi Aldjily. »

1206. — Ibid., n° 203, in-4° sur papier : Recueil de poésies des principaux écrivains persans, savoir :

1° Le divan de Sadi, 2° Emyr Khosrou, 3° Myr Hassan, 4° Extrait du divan de Hafez, 5° Celui de Scheikh-Kemal, 6° Djamy, 7° Extrait de Selman, 8° Extrait de Katebi, 9° Extrait de Myr Schahy, 10° Emyr Homayom, 11° Asety, 12° Ahly de Schiraz, 13° Fagamy, 14° Schalydy, 15° Benay, 16° Helaly, 17 Ahly de la province de Khorassan, 18° Feday, 19° Vefay, 20° Many, 21° Saleh, 22° Ahy, 23° Hayder, 24° Lissany, 25° Scherif, de Tauriz, 26° Myrza Scherf, 27° Mohtascham, 28° Ouaschy, 29° Un choix de quatrains détachés.

Par une note finale, on voit que l'on a achevé de les transcrire en 1575 de J. C.

1207. — Ibid., n° 292 (p. 404), in-4° sur papier : Divan ou recueil des poésies de Kemal Eddin Ismaël, en persan.

Par une note placée à la fin du vol., on voit que le ms. a été terminé le 16 Ramadhan de l'an 1009 de l'hégire, ou fin Mars 1601 de J. C.

1208. — Ibid., n° 263, in-4° sur papier du xviii° siècle (catalogue précité, p. 391) : Divers mémoires d'Anquetil : Sur la lecture des écrivains orientaux ; sur les anciennes langues de la Perse ; sur l'authenticité des livres Zend : système théologique des mages, selon Plutarque, comparé avec celui des anciens livres attribués à Zoroastre ; si l'on peut prouver par les actes des martyrs de Perse que les Perses sous la dynastie des Sassanides aient été réellement idolâtres.

Il provient de Barthez, un des fondateurs de cette bibliothèque ; quelques parties de ce vol. comme on sait, sont imprimées.

1209. — A Munich, fonds des mss. orientaux, selon Gustav Flügel, Jahrbücher der Literatur (Wien, 1829), t. 47, Appendice, (p. 46) on remarque les mss. suivants :

N° 110. Dictionnaire persan-turc d'Abou Youssuf el-Halimi, 4°.

N° 156. Idem par Schahid-Effendi (avec 3 autres petits vocabulaires).

N° 132. Un divan perse anonyme, 8° (84 feuillets).

N° 133. Le poeme d'Abdallah Hatifi, intitulé : « les 7 formes. »

Outre la série de manuscrits persans analysés par Othmar Frank. Comparez son ouvrage : Bemerkungen über die morgenlaendischen. Handschriften der Bibliothek in München (1814, gr. 8°).

1210. — A Oudh, diverses bibliothèques du roi, selon A. Sprenger « A Catalogue of the arabic, persian and hindustany manuscripts, » il faut noter la plupart des mss. des 2 sections suivantes :

1° Biographies des poètes persans, n⁰ˢ 1-62; 2° Œuvres des poètes persans, n⁰ˢ 63-575, ainsi que les n⁰ˢ supplémentaires 730-32.

1211. — A Oxford, bibliothèque Bodléienne, il y a 167 manuscrits persans, relatifs à la théologie, à la politique, à l'histoire, à la médecine, aux mathématiques, aux arts et aux belles-lettres, ou linguistique. Sur ce nombre les n⁰ˢ 31 à 61 sont consacrés à l'histoire, selon le catalogue détaillé de J. Uri, t. I (1787). — Depuis lors, cette collection a reçu des augmentations.

1212. — A Paris, Bibliothèque de l'Arsenal, section historique n⁰ˢ 115 et 116 (Hœnel, p. 319) :
Antiquitates Ægyptiacæ et Persicæ a Petavio et Nic. Causino dictatæ, 4°.

1212 a. A Paris, bibliothèque de M. Schefer (n'a pu être analysée)

1213. — A la Bibliothèque nationale de Paris (Migne, I, p. 679) :
Saint-Germain, 795 : Relazione di Persia, d'un consule veneziano d'Aleppo del 1582.

1214. — St-Germ. 1432 : Relazione di M. Vincenzo degli Alexandri al serenissimo principe ed excellentissima Signoria di Venezia, delle cose da lui osservate nel regno di Persia, (vers l'an 1575).

1215. — Ibid. (Migne, I, p. 677), parmi les mss. français, citons le n° 778 S. Germ. : Voyage du Sr. d'Aramont au Levant par J. Chesneau en 1547 et en Perse en 1548 (Voir ci-dessus à ce nom).

1216. — Relation du royaume de Perse par le P. Raphaël du Mans, capucin.

1217. — État de la Perse, fragment de 42 p., savoir : Voyage du P. Pacifique de Provins (capucin), en Perse, en 1628, avec deux lettres, l'une du schah Abbas I (1628), roi de Perse, à Louis XIII, l'autre du P. Gabriel de Paris écrite d'Ispahan au P. Pacifique le 30 avril 1629.

1218. — N° 52 du supplément. Mémoire du S. Michel, sur le voyage qu'il a fait en Perse, en qualité d'envoyé extraordinaire du roi dans les années 1706-1709.

1219. — N° 10534. Lamar. Brève description faite au Levant, en Perse, etc.

1220. — N° 490. 9. Ibid.. 12 mss. persans (Hœnel, p. 325) :
Schaa Name, ou hist. amoureuses, trad. par Mehedy Effendi, fol.

1221. — Ibid. Les amours de Leila et de Medjnam en vers persans, 4°.

1222. — Hist. universelle depuis Adam, par Abd-ulaziz Effendi, en persan et en Arabe, fol.

1223. — Histoire des enfants du monde; (c'est le titre d'un ms. persan qui contient un abrégé de l'hist. de l'Orient), fol.

1224. — Diameh el Hekaias, récit d'hist. particulière des anciens rois de Perse et des kalifes, fol.

1225. — Histoire de différents princes qui ont régné en Perse, 4°

1226. — Hist. de Schah-Abbas, roy de Perse, en Persan, fol.

1227. — L'ami du voyage, hist. de Schah-Ismaïl, 4°.

1228. — Hist. d'Acbar, empereur des Persans, par Aboul-Fazel, fol.

1229. — Le jardin des délices des hist. des rois, des prophètes et des caliphes, par Mirconde; (7 tomes, mais le 3° et le 5° manquent, soit 5 vol.).

1230. — Éloge de Mahomet; hist. des guerres de Schah-Ismaël; l'éloge du Paradis terrestre et de la province de Mazanderan, en vers persans, 4°.

1231. — Histoire des caliphes de Bagdad, en persan.

1232. — Le confluent de deux mers (hist. des enfants et successeurs de Tamerlan), par Abdal Rezaq, fol.

1233-4. — Ib. mss. persans, n°ˢ 246, 248, 249 et 250, savoir : Tezkirat al Schoara (histoire des poëtes), par Douletschah ben Alœddoulet Algazi ben Alsamarcandi.

Dans les notices et extraits des mss. de la bibliothèque, t. IV, p. 220-296, Silvestre de Sacy les analyse.

(N. B. M. Fagnan prépare un catal. complet des mss. persans de Paris).

1235-6. — A la bibliothèque Sainte-Geneviève à Paris (Hœnel, p. 282), on trouve parmi les mss. orientaux (fol. A : 17, 18 et 19) les suivants :

Quelques règles de la langue persane expliquées en turc, avec des tables traduites en turc.

1237. — Liber subtilium veritatum, en persan.

1238. Conseils sur la morale, en persan, avec l'explication en turc.

1239. — A Saint-Petersbourg, bibliothèque impériale publique, selon le catalogue des manuscrits et xylographes orientaux (1852, gr. 8°), p. 241-454, on compte 255 mss. persans, savoir :

A. Théologie chrétienne, n°ˢ CCXLVIII-IX ;

B. Théologie musulmane, n°ˢ CCL-CCLIX ;

C. Philosophie, n°ˢ CCLX-CCLXII ;

D. Histoire, n°ˢ CCLXIII-CCCXIII;

E. Médecine, n° CCCXIV ;

F. Mathématiques, n°ˢ CCCXV-CCCXVIII;

G. Poésie, n^os CCCXIX-CCCCLXXVI ;

H. Contes, n^os CCCCLXXVII-CCCCLXXXIV ;

I. Epistolographie, n^os CCCCLXXXV-VII ;

K. Calligraphie et peinture, n^os CCCCLXXXVIII–IX ;

L. Philologie, n^os CCCCLXXX-VII ;

M. Recueils et mélanges, n^os CCCCLXXXXVIII-DII.

Dans la partie histoire, on remarque les numéros suivants :

N° 267 : Paradis terrestre, par Khosraou ben Abid, surnommé Ibn-Mouïn, qui écrivit en 808 (1405-6); la 2e section contient l'histoire des premières dynasties de la Perse.

N°s 269-281 : Jardin de la pureté, ou Histoire universelle de Mirkhond.

N° 282-3 : Quintessence des Annales, ou Fastes des Grands Hommes, par Ghiyas Eddin Ben Houmam Eddin, surnommé Khondemir.

N° 284 : L'Ami des Biographes (3e partie), par le même.

N° 288 : Les joyaux des Annales (de Perse), par Boudac Qazwini.

N° 289 : Collection d'Annales, ou Histoire de Ghazan Khan, par Fazl Allah Rechid Eddin.

N° 290 : Ouvrage anonyme, décrivant le Farsistan, le Kerman et le Khorasan.

N°s 292-96 : Livre des victoires de Timour, par Cheref Eddin Ali Yezdy, mort en 850 (1446).

N°s 297-99 : Livre intitulé : Point du lever de deux astres propices et confluent de 2 mers (histoire de Perse), par Abder-Rezzac ben Isac, de Samarcande.

N° 300 : Pureté du cheikh Ssefy, ou quintessence de pureté (biographie d'un ancêtre de la dynastie des Sséfides de Perse), par Tvekkouly ben Ismaïl ben Hadj Ardebyly, surnommé Ibn-Bezzaz.

N° 301 : Livre du roi des rois (Shah Ismail I), par Moulana Binaiy.

N° 302 : Protocole des conférences de Shah Thamasp I, avec les ambassadeurs envoyés en Perse, par Ali Riza Abassy.

N° 303 : Histoire des Shah Abbas I et Abbas II, par Iskender et par Mohammed Tahir Vahid.

N° 305 : Monographie de la ville de Chiraz, par Aboul-Abbas Ahmed ben el-Kheir, dit Mouin Chirazy.

N° 308 : Histoire de la ville de Derbend et du Daghistan (anonyme).

1240. — Dans la collection privée de M. Sprenger, qui a passé à la ville de Berlin, signalons selon « A Catalogue of the bibliotheca orientalis Sprengeriana », les mss. suivants :

N°s 40 à 45 : History of Tabary, translated into persian by Belami·

N°s 71 à 77 : Universal history by Khondemir and Mirkhond.

N° 133 : Moaredj al-Nabwah, biography of Mohdi, by Moyin Miskyn, in 891 (1486), copied in 908 (1502), fol. 1300 pp.

N° 134 : Schwahed al-Nabweh, evidence of the prophetic mission of Mohdi, by Tamy, de 898 (1492), 8°, 800 pp. Corrected.

N° 135 : Raudat As-Sefa, 2^e vol., containing the life of Mohdi, 400 pp.

N° 152 : Tedzkere al-Isrâr, life and miracles of Mohd. 8°, 500 pp·

N° 161 : Mokhtar-Nameh. History of Mokhtar ; 8°.

N° 164 : Djela al-Ayoun. Sacred History of the Shyahs by Maslisy, wrote in 1089 (1678), copied in 1129 (1716), 8°, 500 p.

N°s 164-66 : Raudat As-Schehedah. Tragical history of Hosain and of the civil wars (comp. n°s 170-171). 700 pp. — 2 copies.

N° 167 : Bahr al-Menakib. Praise of the descendants of Mohd, by Burhan, darwish. — 8°, 450 pp.

N° 172 : Medjales al-Moumenin. 21 lectures on the sacred history of the Shyaks. — 8°, 622 pp.

N° 200 : History of Wassaf, flourished 693 (1293), with a vocabulary of difficult words. — Lithogr., Bombay, 1269 (1852), fol. 707 pp·

N° 201 : History of the Çawafy dynasty by Abul-Hassan Qazwini. 8°, 250 pp. (bound with 208 and 209).

N°s 202-203 : History of Shah-Abbas and his predecessors of the Çawafy dynasty by Iskandar Munshi. 2 voll. 690 and 800 pp. (The third vol is wanting).

N° 204 : History of Tahmasp and his predecessors by Mohd Mahdiy. fol. 400 pp.

N° 205 : Autobiography of Shah Tahmasp, who came to the Throne in 930 (1523). 130 pp.

N° 206 : History of Nadir-Shah by Mahdiy Aly, who wrote in 1171 (1757). Copied in 1197 (1782).

N° 207 : History of the town of Baihaq.— 350 pp. — From a copy of 888 (1483).

N° 208 : History of Tabaristan and Mazandaran by Saïd Zahir. 8°, 200 pp.

N° 209 : History of Shyraz by Abul-Abbas Ahmad Moyn, a grandson of Zarkub. 8°, 196 pp.

Nᵒ 210 : Tohfet al-Alem. Memoirs of Abdal-Latif Khan of Shustar and a history of that town. (Lithogr., Bombay, 1847.)

Nᵒ 226 : Dhiya Barny's history of Fyroz Shah. 500 pp. (old).

Nᵒ 228 : History of Akbar and his ancestors by Abul-Fadhl, died 1011 (1602). Fol. 754 pp. (the first daftur only).

Nᵒ 229 : Regulations of Akbar by Abul-Fadhl. Fol. 600 pp.

Nᵒ 230 : History of Akbar's reign by Badawny. Fol. 670 pp.

Nᵒ 231 : History of the emperor Jehangyr ; 8ᵒ, 300 pp. Copied 1115 (1703).

Nᵒ 232 : War between Mohd Azam and Bahadurshah, by Niamat Khan, died 1121 (1709). 24 pp.

Nᵒ 233 : Memoirs of Mohd Zahir Eddin. 8ᵒ, 290 pp.

Les nᵒˢ 318 à 351 contiennent les biographies des poëtes persans ; les nᵒˢ 352 à 370, celles des soufis ; les nᵒˢ 1370 à 1535, des poésies persanes, les nᵒˢ 1536 à 1644, la linguistique.

1241. Takhri (Chem). Miyari Djemali, la pierre de touche de la perfection de la langue et de la prosodie.

Ms. cité par M. de Hammer. (Journal asiat., juillet 1833, p. 41.) L'auteur, mort en 744 (1343), l'a composé pour le sultan Djemaleddin Abou Ishak Shah, au nom duquel le titre fait allusion.

1242. — A la bibliothèque de Troyes, nᵒ 984, dans un recueil in-4ᵒ, sur papier, fin du xviᵉ ou commencement du xviiᵉ siècle, les 27ᵉ et 28ᵉ parties, offrent : Relatione di Vincenzo degli Alessandri a Serenissimo principe et Eccellentissima signoria di Venetia delle cose da lui osservate nel regno di Persia (1576). Comp. ci-dessus, nᵒ 1214.

1243. — Discorso del S. Gioseppe de Bastiani Malatesti, che mostra la facilita grande che haverebbono i principi christiani a dannificare il Turco con questa occasione della guerra Persiana. 1584.

Voir Catalogue général des mss. des bibliothèques des Départements, t. II, p. 409. Il provient de la Bibl. Bouhier, D. 53. Ms. de 480 feuilletss en cursive italienne.

Relié en velours noir.

1244. — A Upsal, bibliothèque de l'Université, selon le catalogue de Tornberg (1849, 4ᵒ), on remarque, entre autres, dans la section poésie (p. 92 et s.) :

Nᵒˢ CXLVII-IX : Le Schah-Nameh de Firdousi, avec versions turques.

Nᵒ CL : Paraphrase des proverbes d'Ali, par Reschid Watival ; puis les Œuvres de Nizâm, Sadi, Attar, Hafiz, Djemal-Eddin ; Djâmi, Urfi, Saïb, Bussati, etc.

1245. — Ibid. Section Biographie (nᵒˢ 206-208) :

N° CCC. Peregrinatio Muhamedis Hanifæ. Il fut le fils d'Ali ibn Ab-Talib.

N° CCCI. Odores familiaritatis quos spargunt domicilia sanctitatis. C'est sont les vies de Sofis célèbres, par le poëte Djami.

1246. — A Venise, Biblioth. S. Marc, n° 103, § 22. (Catal. Valentinelli, t. III, p. 76): Lettera di Ussan Capan re di Persia alla republica di Venezia, scrita adi 24 Agosto, 1473, f. 84.

1247-8. — A la Bibliothèque de Vienne on remarque d'après le catalogue de Blotius (Migne, Dict. des Mss., II, p. 71): Sophi regis persarum epistolæ ad Carolum V imperat et ad Ludovicum regem Hungariæ quibus eis perpetuum fœdus pollicetur eosque ad arma socia in imanissimum turcorum regem capienda summopere hortatur.

1249. — Ibid. De Sophi gestis contra Turcas epistola.

1250. — Selon le nouveau catal. de l'Académie (t. V, p. 91): le n° 7068 contient le voyage en Perse de Chesneau, de 546 à 1554.

Citons aussi les n°s 6519 3 4, 6624 18 et 8780 2 relatifs à l'histoire de la Perse en 1553 et 1580). (Ibid, p. 490.)

1251. — Ibid. Fonds oriental n° 83 : Tadjol Massadir fi loughat alfars (la couronne des Masadars en persan), du poëte Ali, fils d'Ahmed Esedi, daté de 447 de l'hégire, 1055. (Voir Hammer, Jour nal asiat., juillet, 1833, p. 40, qui cite plus de 60 travaux de ce genre ayant servi aux auteurs des premiers dictionnaires publiés et dont quelques-uns sont à Vienne, n°s 7 à 11, 13, 34, 407-408

1252. — A titre de desiderata, relevons les titres suivants, d'après Frœhn « Indications bibliographiques relatives pour la plupart à la littérature historico-géographique des Arabes, des Persans et des Turcs, spécialement destinées à nos employés et voyageurs. » (Saint. Pétersbourg, 1845, 8°, en russe-arabe-français) :

[1]. Ancienne histoire des rois d'Arabie et de Perse, composée par Oubaïd ibn Sariya al-Djourhoumy, au temps du Khalife Mouawia, qui régna pendant les années 41-60 de l'hégire (661-680 de J. C.).

[2]. Notices sur les rois persans des Himyarites, par Wahb ibn Mounabbih, mort en 110 (728).

[18]. Histoire des persans, par Al-Haïtham al-Koufiy.

[27]. Histoire de la conquête des régions montagneuses du Tabaristan par les Arabes, d'Ali ben Mohammed Al-Maddiny.

[73]. Histoire de la ville d'Isfahan, par Hamza Isfahani.

[74]. Recueil de chansons d'Ali al-Isfahani (du xᵉ siècle).

[75]. Les Persans célèbres, par le même.

[97]. Chronique de la ville d'Isfahan, par Abou Nouaïm-al-Isfahani.

[104]. Histoire des Seboukteguinides, composée (en persan), par Aboul-Fadhl al-Baihaqui.

[108]. Biographies des rois en persan, par le vizir Nizam al-Molouk Hassan, composées en 469 (1076).

[116]. Sommaire des histoires. Ouvrage persan (anonyme), composé en 520 (1126).

[106]. Histoire de Bagdad par l'écrivain de cette ville, savoir Hafiz Abou Becr Ahmed ben Ali, mort en 463 (= 1071).

[127]. Histoire de Bagdad, par Abi Said Aled al Kerim ben Abou Becr Mohammed Al-Samâni.

C'est la continuation de l'œuvre n° 106.

[153]. Histoire de Bagdad, par Mohabb eddin Mohammed ben Mahmoud, surnommé Ibn Al-Nadjar, mort en 643 (= 1245).

Autre continuation des 2 chroniques précédentes.

[165]. Histoire de Bagdad, par Zâhir eddin Al-Kâzarouny, mort en 697 (= 1277).

[132]. Histoire des Seldjoukides, par Amad Eddin Abi Abdallah Mohammed Al-Katib Al-Isfahani, mort en 597 (= 1201).

[136]. Histoire du Tabaristan, en persan, par Mohamed Ibn Hassan ibn–Isfandiyâr, qui l'a écrite en 613 (= 1216).

[149]. Relation d'un voyage en Transoxiane, par Schehal eddin Abi Hafs Amr as-Sohrawardy.

[150]. Vie et exploits de Djalal eddin Khowarazmschah, par Mohammed al-Mounschi Nasawy (qui écrivit en 639 = 1241).

[152]. Voyage en Khorasan, par Ibn as-Salah Scheikh eddin Abou Amrou Othman ben Abd Errahman asch-Schehrozoury, mort en 643 (= 1245).

[154]. Histoire des Seldjoukides, par Djamâl eddin Ali ben Youssouf al-Kifti, mort en 646 (= 1248).

[158]. Histoire des rois de Perse avant l'islamisme, par Fadhl Oullah ben Abd Allah.

Il composa, dit-on, cet ouvrage en persan vers l'an 654 (= 1256) et mourut en 698 (= 1298).

[163]. Histoire du conquérant du monde, en persan, par 'Bta Mâlik Djouwaïny, mort en 681 (= 1283).

[166]. Recueil d'annales en persan, par Raschid eddin Fadhl Oullah, en 4 vol., composé de 702 à 706 (= 1302-1307).

[174]. Géographie de la Perse, par Hamid Oullah al-Moustafi al-Kazwini, mort en 750 (= 1349).

[181]. Histoire du Tabaristan, par Aoulia al-Amouly.

[184]. Paradis des chroniques, en persan, par Hessour ibn-'Abad al-Abraqouhi, surnommé Ibn-Mouin, en 808 (=1406).

[185]. Histoire de la ville d'Isfahan, par Medjad eddin Abi Tahir Mohammed ibn Yaqoub al-Firouzabâdi, auteur du Kamous, mort en 818 (= 1415).

[187]. Généalogie des Tchingyiazides et des Timourides.
Ouvrage anonyme en persan composé en 830 (= 1427).

[199]. Histoire des Chosroes, par Badr eddin Al-Aïny.

[204]. Histoire du Tabaristan, par Djemal eddin ar-Rouïany.

[205]. Histoire du Tabaristan, par Zâhir eddin Al-Mar'asche, en 881 (= 1446).

[208]. Description de la ville de Herat, par Mouin eddin Al-Isfizâry, composée en 897 (= 1492).

[216]. Histoire (en persan) de Tahir Mohammed Hussein Sabzawary, qui la composa en 1011 (= 1602).

[217]. Histoire (en p.rsan), par Séïd Scheref eddin Husseini Al-Tebrizi ou Emir Scharaf, composée en 1026 (= 1617).

[218]. Chronique (en persan) de Haïdar ibn Ali Hussein Râzy, composée en 1028 (= 1619).

[220]. Résumé de l'Histoire des Khakans de la Transoxiane, par Sadik Isfahani, vers 1045 (= 1635).

[Appendice 4]. Histoire de l'Adzarbaidjan, par Ibn Abi'l-Haidja ar-Rawady.

[Append. 5]. Histoire du Mazandaran, par Ibn Abi Moussallim.

[App. 6]. Histoire du Djourdjan, par Ibn Ali Mohamed Djordjani, dit Al-Idrisy.

[App. 8]. Histoire des gouverneurs du Khorasan, par Aboul-Hasan Ali as-Salamy.

[App. 9]. Histoire des Seldjoucides, par Zahir eddin Nischabouri (en persan).

[App. 13]. Histoire des Mouzzhaffarides, par Mou'in eddin al-Yesdy (id.).

[App. 15]. Histoire des 2 premiers Shahs Séfides, par Hasan Roumbou (id.)

[App. 16]. Histoire des Khans Schaïbanides et principalement d'Abdoullah Khan, par le Moulla Tenesch Boukhary (id.)

1253. Dans le Catalogue de Quaritch, n° 285, septembre 1872, p. 720 et suiv., nous remarquons, en fait de Mss. :

Abu'l Hassan al-Husaini al-Isfahani. Moktassar nafa' dar wadjibât addinye. Ms. 8° daté de 1238 (1822);

Abwab al-Djinân darbiân Schrâfet 'amr (les portes du Paradis, etc.), 8°. Ce sont des ouvrages de morale.

Kitab aïn al-Heivat, par Mohammed Baqir ben Mohammed Taqi ; daté de l'an de l'hégire 1081 (1670);

Ainsi que d'autres mss. contenant des œuvres d'histoire ou de belles-lettres, citées plus haut.

1254. A la Société Asiatique de Londres, selon W. H. Morley, « A descriptive Catalogue of the historical mss. in the arabic and persian languages preserved in the library (London, 1854, 8°), » outre quelques histoires générales citées ici, au chap. I, notons les suivantes :

N° 135 : Tarikh Padischah 'adjam. Abrégé d'histoire, depuis les Kayoumars jusqu'au règne de Shah Safi, en 1636, fol. 2 vol.

N° 136 : Riadh al-Fardous, histoire générale de la Perse, et surtout du Faristan, de Kuh Kilawaih et de Khusistan, jusqu'à Soleiman.

N° 137 : Kitab al-Mo'djam Fi açar Melouk al-adjam. Histoire des premiers rois, depuis les Kayoumars jusqu'à la mort de Nushirvan, attribuée à Fadl allah Kazwini, daté de 1090 (1679), fol.

N° 138 : Histoire des Seldjoucides jusqu'à Roukh eddin Abou Tales Tughril, en 571 (1175), anonyme, fol.

N°ˢ 139 à 144 : Alam àraï 'Abbasi, histoire de la dynastie des Safawis, depuis son origine jusqu'à la mort du Shah Abbas, in fol.

N° 145 : Fawaïd Sasawiyah, histoire de cette dynastie jusqu'en 1216 (1801), par Abul-Hassan b. Ibrahim Kazwini, in-fol.

N°ˢ 146-7 : Târihk Naderi, histoire de Nadir Shah, par Mirza Muhammed Mahdi Khan Astarabadi, fol.

N° 148 : Helacet biân âmadan nadir shah, court récit de l'expédition de Nadir en Hindoustan, sous l'empereur mogole Mahmud Shah. fol.

N°ˢ 149-150 : Histoire de la dynastie des Kadjars, depuis leur origine jusqu'à l'assassinat d'Aga Muhammed Khan, en 1796, fol.

N°ˢ 151-3 : Maassir Sultanieh, histoire de cette même feullle.

N°ˢ 154-5 : Taarikh djihan ara, histoire des kadjars jusqu'en 1817.

N° 146 : Resaleh tadbir Shah wa-wezir, vie abrégée d'Aga Mohammed Khan et de son vizir Ibrahim Khan Shirazi, 2 vol. fol.

ADDITIONS

1255. Abu Mansur. Codex vindobonensis, sive medici Abu Mansur Muwafak bin Ali Heratensis, liber fundamentorum pharmacologiæ, linguæ et scripturæ persicæ antiquissimum textum edidit, in latinum vertit, commentariis instruxit Dr F. R. Seligmann. Pars I (texte). Vindobonæ, 1859, 8°.

1256. Ahmed yar Khan. Goulzari-Khiial (jardin de la fiction), poëme persan. Adjnair, 1276 H. (1859), petit 4°, lithogr. (32 pp.).

1257. Akaid-Ech-Chiah. (Articles de foi de la secte chiite, ou Exposé de la religion des chiites, publié sous le règne de Mohammed Shah, père du roi actuellement régnant en Perse). Teheran, 4°, lith.

1258. Alfettah. Husn o dil, or bauty and heart, by Alfettah of Nishapoor, persian and english. Translated by W. Price. London, 1828, 4°.

1259. — Asiatic Miscellany. Calcutta, 1785, 4°.

Ce sont des textes persans, publiés, traduits, imités, etc.

1260. — New asiatic miscellany, consisting of original essays, translations and fugitive pieces. Calcutta, 1789, 4°, t. I (seul paru).

1261. Baker. Ain-oul-Hayat. Traité de morale, en persan, sur les vertus, les vices, choses mondaines, prières, prophéties, sciences, arts, etc., par Moulla Mehemed Baker (Medjlici), avec commentaire. Teheran, 1274 de l'hégire (1857) fol. lithogr. (sans pagination).

1262. Baudouin (Jean). Les advantures de la cour de Perse divisées en 7 journées, où, sous des noms étrangers, sont racontées plusieurs histoires d'amour et de guerre arrivées de nostre temps, par J. B. Paris, 1629, 8°.

Ce titre ne se rattache pas réellement à la Perse; car sous des noms déguisés, dit Brunet, l'on peut y reconnaître les rois Henri III et Henri IV, ainsi que d'autres personnes qui ont figuré à leurs cours dans des intrigues amoureuses. L'auteur serait Mlle de Guise, plus tard princesse de Conti, selon P. Paris, Bulletin du Bibliophile, juin, 1852, p. 812.

1263. Beaumont (F. M. M. de). Beautés de l'histoire de la Perse, depuis Cyrus jusqu'à nos jours. Paris, 1820, 2 v. 8°. 2° éd. 1825, 2 vol. in-12.

1264. Berchet (Gugl.). La Republica di Venezia e la Persia, con documenti e tavole. Torino, 1865, 4°.

Comp. « Bolletino consolare italiano » de la même année.

1265. Idem, nuovi documenti e regesti. Venezia, 1866, 8°.

Extrait de Raccolta Veneta, collezione di documenti relativi alla storia, all'archeologia, alla numismatica, série I, t. 1, disp. 2.

1266. BINNING (Rob. B. M.). A Journal of two years travel in Persia, Ceylon, etc. London, 1857, 2 vol. 8°.

1267. BLOCHMANN. Contributions to persian lexicography. Calcutta, 8°.

1268. BREVIARIUM novi martyrii quinque Persarum in Perside; latine redditum ex italicis litteris,... Quas ad excalcatorum Romæ præpositum generalem dedit eorundem ibi superior anno 1622. — Coloniæ, 4° (pièce).

1269. Century (a) of persian gazels, from unpublished diwans. London, 1851, 4°.

1270. CHAMPION (J.). Essays characteristic of persian poetry, with notes and illustrations. Calcutta, 1790, 4°.

1271. Chrestomathie persane, publiée sous les auspices de M. le Ministre de l'Instruction publique. Paris, 1847, gr. 8°.

Ce tome comprend : Oloug-Beg, prolégomènes des tables astronomiques, publiés par Sédillot. — Mirkhond, Histoire des Sassanides. — Histoire des sultans du Kharezm.

1272. CHOUSTERI. Mann ou-Selva ; la manne et les cailles. Mesnevi ou poëme religieux ascétique (à l'instar du mesnevi de Djelal eddin Roumi), par Seyid Abbas Chousteri. 1263 H. (1846., petit fol. 2 col.

1273. Correspondence relating to Persia and Afghanistan. London, 1839, 8°.

1274. COSTE (Pascal). Monuments modernes de la Perse, mesurés, dessinés et décrits. Publié par ordre du Gouvernement. Paris, 1867, fol. 71 planches.

1275. DESTOUZ OUZ-SIBIAN. (Instruction pour les jeunes gens). Code épistolaire persan à l'usage des écoles du Penjab. Lahore, 1865, 8° (30 p.).

1276. Dictionary of the technical terms used in the sciences of the musulmans. Edited by Mawlawies Mohammed Wajyh, Abd al-Haqq and Gholam Kadir, under the superintendance of A. Sprenger and Nassau Lees. Calcutta, 1862, 2 vol. 4°.

1277. — First appendix to the Dictionary of technical terms. Calcutta, 1862, 4°.

Formant un ensemble de 24 fascic. de la *Bibliotheca indica*.

1278. Djami Djehannania (la coupe-miroir de Djehan). Gazette en persan publiée à Calcutta, de 1832 à 1846, 4°.

1279. Djami oul-Mouddizat Hadikat ouch-Chiah. Recueil de miracles, sur Mahomet, etc. Appelé aussi : Jardin de la doctrine des Chiites. Grand poëme mesnevi, persan. 1271 A. H. (1855), fol. lithogr. (s. l.).

1280. DJOUHERI. Thoufan oul-Boka (déluge de pleurs). Histoire lamentable de la famille d'Ali, ouvrage en prose et en vers, publié en Perse, sous le règne et par ordre du Shah actuel, Naçr Eddin. Téhéran, 1274, A. H. (1857), fol. lithogr.

1281. Djouher out-terkib (essence de la composition). Agra, 1840, in-18, (99 et 24 pp.), lithogr. — C'est une *kasida* sur la grammaire persane.

1282. DUNCAN FORBES. The adventures of Hatim Taï, a persian romance, published and translated. London, 1830, 4°.

1283. ENAIUT OLLAH. Bahar Danush, or garden of Knowledge, an oriental romance translated from the persic by Jon. Scott. Shrewbury, 1790, 3 vol. 8°.

Comp. Inaiat, au ch. 1, n° 79, pour la version française.

1284. ERCHAT UL-ANWAN (Direction des ignorants). Ouvrage historique sur la Perse, comprenant l'histoire religieuse, celle des prophètes, des saints, etc. Téhéran, 1271, 3 vol. fol. lithogr. (1855).

1285. Ferroukh-Khan et le progrès en Perse.

Dans l'Annuaire ethnographique oriental et américain (2e année), publié par A. Castaing (Paris, 1861) in-12, p. 90 à 103.

1286. GHAMELI. Djami-Abbaci (recueil d'Abbas). Rituel complet de la religion schiite, sous les auspices du shah Abbas Sefevi, par Behaeddin Mohammed Ghameli. Tebriz, 1272 (1855), 4°, autographie.

1287. GORDON. A tour in Persia. London, 1833, 8°.

1288. HUSSEIN KURDE. Ses exploits, au temps du Shah Abbas. Conte en persan avec vignettes. gr. 8° (s. l. n. d.).

1289. Hyssei eweli montekhebati farsi (1re partie des morceaux choisis persans). Chrestomathie persane, contenant des extraits de Sadi en vers et des extraits en prose des moralistes persans. Agra, 1863, 8°, autographies.

1290. IDJAZI KHOZREVI. Ouvrage persan sur l'emploi des mots. fol. (s. l. n. d.).

1291. KÆMPFER (Engelhard). Amœnitatum exoticarum politicophysico-medicarum fasciculi V, quibus continentur variae relaciones rerum persicarum et ulterioris Asiæ. Lemgoviæ, 1712, 4°. fig,

Cet ouvrage curieux, fort recherché et peu commun, est mal imprimé, et les gravures laissent à désirer, dit Brunet.

1292. Kahraman. Kitab [(histoire de ce prince). Téhéran, 1273 (1856), 4° lithogr.

1292 *a*. Kama. Lectures sur des objets relatifs à la religion zoroasbrienne (en guzarati). Bombay, 1869, 8°.

1293. Kech Koul (l'écuelle). Anthologie persane, prose et vers. Téhéran, H. 1267 (1850), gr. 8°, lithogr.

1294. Kermani. Hamlé i-Haidary, poëme épique persan, par Moulla bemou Nali al-Kermani. Téhéran, 1127 (1715), fol. à 4 col.

1295. Khosrou Divzad (Histoire de ce prince). Contes avec vignettes. Téhéran, 1270 (1853), 4°.

1296. Khyr. Translation of the history of Jounpoor, from the persian of Fuqeer Khyr eddin Moohummed, by an officer of the bengal army. Calcutta, 1814, 8°.

1297. Kisseh i-Nouch Aferin (Histoire de la princesse Nouch-Aferin). Conte lithographié en Perse. en 1273 (1856), 4°.

1298. Kitabi Faregh Guilani. Livre composé par Faregh (pseudonyme poétique) de Guilan, avec commentaire. Téhéran, 4°, (s. d.), vignettes, lithogr.

C'est l'histoire légendaire d'Ali, gendre de Mahomet.

1299. Lescallier. Bakhtiar-nameh, ou le Favori de la fortune. Traduit du persan. Paris, 1805, 8°.

1300. — Neh-Manzer ou les 9 loges, traduit du persan. Gênes, 1808, 8°.

1301. Loftus (W. K.). Travels and researches in Chaldea and Susiana. London, 1857, grav. et cartes.

1302. Measiri Sultanieh (exploits royaux), comprenant l'Histoire des Kadjars. Téhéran, 1245 (1829), 8°.

1303. Mektebi-Leila et Medjnoun, poëme. Téhéran, 1270 (1853), 4°, autogr.

1304. Mémoires pour servir à l'histoire de Perse. Amsterdam, 1745, in-12. Nouv. édition, 1746, 8°.

La 3ᵉ édition porte le titre suivant :

Mémoires secrets pour servir à l'histoire de Perse, avec des éclaircissements et une clef marginale plus complète et rectifiée par D. S. Amsterdam, 1763, 8°.

A vrai dire, ce titre n'a pas sa place réelle dans notre série.

L'auteur (A. Pecquet?) a écrit sous des noms déguisés une histoire de Louis XIV et de la Régence, comme le fit Baudouin au siècle précédent.

1305. Ménant (J.). Zoroastre. Essai sur la philosophie religieuse de la Perse. Paris, 1857, 8°.

1306. Michele (Giovanni). Relazione di Persia. Dans Academia italiana di Colonia, anno 1589, 4°, vers. latine par Jacob Gender dans Bizarro, p. 632. — Voir Cicogna, bibliografia veneziana, p. 168.

1307. Mille et un Jours, contes persans, traduits en français par Petis-de-la-Croix. Nouvelle édition par Loiseleur Deslongchamps. Paris, 1838, gr. 8°.
Fait partie du Panthéon littéraire.

1308. Miradj-Nameh. Poëme persan sur le voyage céleste de Mahomet. Téhéran, 1272 (1855), petit-4°, vignettes. Autographie.

1309. Morier (J.). A second Journey through Persia, Armenia and Asia minor to Constantinople betwen the years 1810-1816, with a journal of the voyage by the Brasil and Bombay to persian gulf. Together with an account of the proceeding of his majesty's embassy under his excellency Sir Gore Ouseley. London, 1818 fol. 2 maps and engravings.

1310. Mourteza. Teskirch i-Binich. Notices sur quelques poëtes persans modernes et extraits de leurs poésies recueillies par le seïd Mourteza, surnommé Binich. 1265 (1848), petit 4°. Autogr. (s. l.).

1311. Moulla Feruz bin K'Anous. The George-Nameh, edited by Mulla Rustam bin Kaikobad. Bombay, 1837, 3 vol. 8°.
Poëme persan en l'honneur de Georges III, relatant les conquêtes anglaises en Inde.

1312. Moustalhat i-Behar Adjem. Dictionnaire des termes idiomatiques persans et techniques expliqués en persan. Téhéran, 1269 (1852), 2 vol. fol.

1313. Nevaï Mir Ali Chir. Tarikh al'adjem (histoire de Perse). — Livre classique dans l'Asie centrale (s. l. n. d.)

1314. Nichati Diwani. Poésies, avec portrait de l'auteur. En 3 parties, 8° (s. l. n. d.).

1315. Oriental Miscellany, consisting of original productions and translations. 1st part (only). Calcutta, 1798, 8°. — Mélanges de persan.

1316. Palmer. Oriental mysticism and theosophy of persians. Cambridge, 1867, in-12.

1317. Perichan (surnom du poëte Kaani). Anecdotes en prose et en vers. Téhéran, (s. d.), gr. 8°. Autog.

1318. Relation d'un voyage de Perse faict ès années 1598 et 1599, par un gentilhomme de la suitte du seigneur Scierley ambassadeur du roi d'Angleterre — Imprimée à la fin du volume (p. 101-158, intitulé : Histoire des derniers troubles du Brésil. Paris, 1651, 4°.

1319. Rich (Claud. James). Narrative of a residence in Koordistan and on the site of ancient Nineve, with journal of a voyage down the Tigris to Bagdad and an account of a visit to Shirauz and Perse-polis. Edited by his widow. London, 1836, 2 vol. 8°.

1320. Sachau (Ed.). Neue Beitrage zur Kenntniss der zoroastris-chen Literatur. Wien, 1870, 8°

1321. Sadik Isfahani. The geographical works, translated, by J. C., from original persian mss. London, 1832, 8°.

1322. Scheref-Nameh ou Histoire des Kourdes, par Scheref, prince de Bidlis, publiée pour la première fois, traduite et annotée par V. Veliaminof-Zernof. Saint-Pétersbourg, 1860-62, en 2 vol. 8°.

Ces 2 vol. contiennent le texte persan et les variantes.

1323. Schlimmer (J. L.). Terminologie médico-pharmaceutique française persane. Téhéran, 1862, gr. 8°, lithogr. (Peu d'exempl.)

1324. Schulz (Fr.). Mémoire sur le lac de Van et ses environs. Paris, 1840, 8°, avec 8 planches d'inscriptions cunéiformes.

1325. Sicard. Rapport du capitaine Sicard au retour de son voyage en Arabie, Perse, golfe Persique et Mésopotamie, pour la Société franco-orientale (Mars, 1869). Paris, 4°, pièce.

1326. Silvestre de Sacy. Notices et extraits d'un ms. syriaque, écrit à la Chine, et de 2 mss. persans, contenant les vies des Sofis. Paris, 1841, 4°. .

1327. Southgate. A tour in Kurdistan, Persia. etc.
(Biblioth. Mohl, n° 1042).

1328. Stocqueler (J. H.). Journey to Kurdistan and Persia. 2 vol. 8°.
(Ibid. n° 1044).

Tabakat-Nasiri. Persian text, edited by N. Lees. Calcutta, 1863-64, en 5 fascic. de la *Bibliotheca indica*.

Traduit plus tard (1874-75), par M. Raverty.

1330. Tarikh i-Fircuz Shahi of Ziaa eddin Barni, commonly called Ziaa i-Barni, edited by Saiyid Ahmad khan. Calcutta. 1862, 8°. En 7 fascic. de la *Biblioth indica*.

1331. Tarikh i-Timur. Histoire de Tamerlan, par Schahab eddin Ahmed, fils de Mohammed, fils d'Abdullah de Damas, appelé vulgai-rement Ibn-Arabschâ (en persan). Calcutta, 1207 (1792), 4°.

1332. Tooti-Nameh, or tales of a parrot, in the persian language. with an english translation. Calcutta, 1801, gr. 8°.

Sans doute, ces additions recevront un jour de nouveaux suppléments qui combleront nos lacunes. En attendant que nous ayons la satisfaction de citer presque tout, même les martyrs de la science, comme les Schultze et d'autres, nous espérons du moins que l'on ne commettra plus de bévues dans le genre de celle-ci :

Dans la Biographie des contemporains (par Arnault, Jouy, etc. 1823 8°), on lit à l'article Feth-Ali-Chah, ces mots (dignes de celui qui a pris le Pirée pour un homme) :

« Baba-Khan monta sur le trône, après avoir défait 3 autres prétendants nommés Ispahan, Sabiras et Téhéran. »

TABLE DES MATIÈRES

FIN DE LA TABLE

Imprimerie D. BARDIN, à Saint-Germain.